शरणकुमार लिंबाले

अनुवाद

रीना त्यागी

वाणी प्रकाशन

प्रकाशन के उत्कृष्टतम 62 वर्ष

सजिल्द प्रथम संस्करण : 2025

vaniprakashan.com

वाणी प्रकाशन

4695, 21-ए, दरियागंज, नयी दिल्ली-110 002

फ़ोन : + 91 11 23273167, 23275710

शाखाएँ

अशोक राजपथ, पटना-800 004, बिहार

कॉफ़ी हाउस कैम्पस, महात्मा गांधी मार्ग, प्रयागराज-211 001, उत्तर प्रदेश

महात्मा गांधी अन्तरराष्ट्रीय हिन्दी विश्वविद्यालय, वर्धा-442 001, महाराष्ट्र

sales@vaniprakashan.in
vaniprakashan@gmail.com

Halla
by Sharankumar Limbale
Translated by Reena Tyagi

ISBN : 978-93-6287-085-8
Poetry Collection

मूल्य : ₹ 395

आर. टेक ऑफ़सेट, दिल्ली-110 093 में मुद्रित

वाणी प्रकाशन का लोगो मक़बूल फ़िदा हुसैन की कूची से

अनुक्रम

मनोगत

सन् 1982 में 'उत्पात' और 1989 में 'श्वेत पत्रिका' कविता-संग्रह प्रकाशित हुए। उसके बाद मैंने कविता का साथ छोड़ दिया था। सन् 2008 में कुछ चुनिंदा कविताओं का 'उद्रेक' कविता-संग्रह प्रकाशित हुआ। इसका अंग्रेज़ी में अनुवाद मुक्ता महाजन ने किया। वह 'व्हाइट पेपर' नाम से प्रकाशित किया गया। इसका हिन्दी अनुवाद पद्मजा घोरपडे ने किया। वह 'एल्गार' नाम से प्रकाशित किया गया। सन् 2019 में मेरा काव्य-संग्रह 'धुडगूस' प्रकाशित हुआ। कविता की शैली में लिखा गया यह एक तरह का गद्य है। अब इसका हिन्दी अनुवाद 'हल्ला' नाम से रीना त्यागी ने किया है। ये कविताएँ विधानों, सवालों और वेदनाओं से सराबोर लगती हैं। संग्रह की पाण्डुलिपि तैयार करने के दौरान एक ही विषय कई बार अभिव्यक्त होते हुए महसूस हुआ। पुनरावृत्ति और बारम्बारिता के कारण ये कविताएँ एकांगी, प्रचारशील, छिछली और ठेठ प्रतीत हुईं। प्रेम कविताओं में जिस प्रकार प्रेम, मिलन, विरह, प्रेयसी बार-बार व्यक्त होते हैं, उसी प्रकार इन कविताओं में अन्याय, अत्याचार, यातना, जुल्म बार-बार दिखाई देते हैं। यह पुनरावृत्ति विषय के अनुसार प्रतिबद्ध वैचारिक निष्ठा में व्यक्त हुई प्रतीत होती है। ये कविताएँ किसी एक विचार को अभिव्यक्त करने की उत्कण्ठा से आकर्षित होकर संकलित की गयी हैं। यही इन कविताओं की प्रकृति है।

दलित पाठक ये कविताएँ पढ़ते समय अपने मन के सवालों और तड़प को महसूस करेगा। सवर्ण पाठक जब ये कविताएँ पढ़ेगा तब उसे ये जवाब माँगनेवाली, आक्रामक, आवेशपूर्ण प्रतीत होंगी। दलित पाठक को ये कविताएँ आत्म-पुष्टि वाली लगेंगी, जबकि सवर्ण पाठक को चुभनेवाली, परेशान करनेवाली और दर्दनाक लगेंगी। इससे उनके मन में गाँठें बनेंगी। सवर्ण पाठक कविता में अभिव्यक्त दर्द और विद्रोह को जब पढ़ेगा तब उसे दलितों के सन्ताप और सवालों का पता चलेगा।

जाति व्यवस्था का विकृत चेहरा समझ में आयेगा। साहित्य में व्यक्त वेदना और विद्रोह को समझने के लिए दलित और सवर्ण पाठकों को पूर्वाग्रहों और ग़लतफ़हमियों को एक तरफ़ रखना होगा। जाति व्यवस्था और उसके के कारण पैदा हुए सवालों को समझे बिना दलितों की किसी भी अभिव्यक्ति को समझना मुश्किल है। दलित साहित्य मूलत: जाति उन्मूलन के लिए किया गया साहित्यिक प्रयास है। दलित साहित्य को समझते समय दलित साहित्य के इस उद्‌देश्य को ध्यान में रखना चाहिए।

'हल्ला' कविता-संग्रह की कविताएँ समाज के 'शोषित' और 'शोषक' इन दो वर्गों के बीच अन्तर करती हैं। ये कविताएँ 'शोषक' और 'दमनकारी व्यवस्था' को लक्ष्य करके लिखी गयी हैं। ये कविताएँ जाति व्यवस्था को ध्यान में रखकर लिखी गयी हैं। ये कविताएँ शोषितों, वंचितों और दलितों की प्रतिनिधि हैं। जाति व्यवस्था ने निचले वर्ग के लोगों को बोलने का मौक़ा नहीं दिया था। उच्च वर्ग के लोगों ने बरसों-बरस तक निचले वर्ग के लोगों पर बहुत कुछ बोला है। निचले वर्ग के लोग मूक थे। उन्हें उच्च वर्ग के लोगों के बारे में बात करने की मनाही थी। बोलने पर कड़ी सज़ा दी जाती थी। सदियों से जो आवाज़ दबी हुई थी, वह इन कविताओं के माध्यम से व्यक्त हुई है। इसलिए इन कविताओं में केवल दलित ही बोलते हुए नज़र आते हैं। ऐसा लगता है कि यहाँ गैर-दलितों को केवल श्रोता की भूमिका दी गयी है।

जब तक मैं नहीं बजाता डफ़ली
तब तक नहीं निकलती अन्तिम यात्रा तेरी
जब तक मैं नहीं काटता लकड़ियाँ
नहीं जलती चिता तेरी

कविता में ये दो पक्ष हैं। हमें धोखा दिया गया है, हमें लूटा गया है, हमें बुरी तरह से फँसाया गया है, हमारी अवहेलना की गयी है। हमें एक साधारण इन्सान के रूप में भी जीने नहीं दिया जाता, बहुत ही कुशलता से हम पर अन्याय और अत्याचार किया जाता है क्योंकि हम दलित हैं। जातिवादियों के पास दलितों पर अन्याय करने का खुला लाइसेंस है और यह ईश्वर द्वारा दिया गया है। ईश्वर और धर्म हम पर अन्याय करने वाले औज़ार हैं, ये कविताएँ इसी भावना से लिखी गयी प्रतीत होती हैं। जो लोग निचले वर्ग के लोगों की बातें सुनने के आदी नहीं हैं उन्हें यह लहजा आक्रामक, उद्धत और तीखा लग सकता है।

सिर्फ़ मैं ही बोलूँगा, तू नहीं बोलेगा, सिर्फ़ सुनेगा, शिकायत मत करना–यह तानाशाही सदियों तक चली। दलितों की आवाज़ दबाने के लिए उन्हें ज्ञान के अधिकार से वंचित किया गया। उनकी बानी को अभद्र ठहराया गया। उनकी भाषा का शोषण किया गया। इसलिए हज़ारों वर्ष तक दलित समाज मूकदर्शक बनकर रहा। उन्होंने अपने जीवन को अपना भाग्य मानकर शिकायत नहीं की।

अपने भाग्य को नकारना दलितों की मजबूरी थी। भाग्य को नकारे बिना उनके उद्गार निकलना मुमकिन नहीं था। देवधर्म, परम्परा और संस्कृति के नाम पर उन्हें बुरी तरह से फँसाया गया था। इसलिए दलितों ने सनातन परम्परा को अस्वीकार किया। देवधर्म के विरुद्ध विद्रोह किया। इस विद्रोह का सामना करते हुए यजमान समाज की बोलती बन्द हो गयी। उनके साहित्य के माध्यम से निम्न समाज का समग्र सांस्कृतिक आन्दोलन अभिव्यक्त हुआ। उनमें ये कविताएँ भी कोई अपवाद नहीं हैं।

ध्यान रहे
नहीं कोई अवतार लेने वाला
पगली कल्पना है सारी
गिरवी रखी हुई बुद्धि में उगेंगे
बन्दूक़ की गोलियों में उगेंगे
सूरज में उगेंगे

ये कविताएँ ऐसी सांकेतिक, बयान करने वाली और वास्तविकता पर सटीक उँगली रखने वाली हैं। ये कविताएँ पीड़ितों को ध्यान में रखकर बोलती हैं और दलितों को आत्मबोध कराती हैं। गुलामी और कड़वी सच्चाई का भान कराती हैं।

लोग हैं हम
जिसे कहा जाता है जनता
देश हैं हम
जिसे कहा जाता है राष्ट्र का चेहरा।

ये कविताएँ दलितों के हक़ और अधिकारों की भाषा बोलती हैं। एक तरह से ये कविताएँ मानव अधिकार का सरनामा ही हैं। ये कविताएँ समानता, स्वतन्त्रता, न्याय और भाईचारे के लिए विद्रोह करने वाली हैं। एक तरह से ये आज़ादी को आज़ाद करने वाली कविताएँ हैं। कविताएँ लोकतन्त्र के इस विचार को व्यक्त करती हैं कि देश के सभी सामाजिक तबके समृद्ध और सुजलाम सुफलाम हों। आम्बेडकरी विचार इन कविताओं की जान है।

कविता के लिए कविता लिखना मुझे ज़रूरी नहीं लगता। यह साहित्यिक विधा जीवित रहे या ख़त्म हो जाये, मुझे इससे कोई लेना-देना नहीं है। मुझे जो निश्चित रूप से सूझता है और मुझे जो निश्चित रूप से व्यक्त करने जैसा लगता है, वही मेरी कविता है। एक तरह से मेरी अभिव्यक्ति मेरे जीवित मन का संकेत है। मेरा मन कोई वैयक्तिक जागीर नहीं है। मेरा यह मन सामाजिक परिस्थितियों में घटित होने वाली गतिविधियों की लय का एक हिस्सा है। जब तक यह लय जीवित है तब तक यह लिखना अटल है। सामाजिक परिवर्तन घटित होने के लिए जिन कार्यकर्ताओं ने, कलाकारों ने, बुद्धिजीवियों ने अपने जीवन का सर्वस्व लुटा दिया, उस प्रक्रिया के एक अविभाज्य अंग के रूप में ये कविताएँ लिखी गयी हैं। मैं अपनी हर अभिव्यक्ति को दलित समुदाय के क्रान्तिकारी सपनों के नीलांचल में एक सम्यक तूफ़ान के रूप में देखता हूँ। उसमें ये कविताएँ कोई अपवाद नहीं हैं। यह ऐसा कविता लेखन है जिससे अन्याय के ख़िलाफ़ इन्सान दहक उठेगा और इन्साफ़ की अनजान भाषा बोलने लगेगा।

समाज में हर किसी से कविता पढ़ने की उम्मीद करना ग़लत है। एक वर्ग है जो कविता पढ़ता है। वह समाज के कई तबकों में हैं। यह वर्ग कविता को मन से चाहता है। कविता पढ़ता है, समझता है, कविता के विभिन्न रूपों पर चिन्तन-मनन करता है। इस वर्ग के कुछ लोगों ने भी अगर मेरी कविता पढ़ ली तो मुझे बेहद ख़ुशी होगी। ये कविताएँ इस उद्देश्य से लिखी गयी हैं कि पाठक निचले तबके में हो रही बेचैन करने वाली हलचलों से भली-भाँति परिचित हो जायें।

दलित कविता दलित चेतना की उन्नत अवस्था है। आम्बेडकरी जलसा और भीम गीत की राहों से गुज़रकर ये कविताएँ साकार हुई हैं। आम्बेडकरी प्रतीति का प्रचार-प्रसार करने का मतलब है समानता, स्वतन्त्रता, न्याय और भाईचारे का पक्ष लेना। मेरी कविता यानी मन की बेचैनी की राह को खोल देने की प्राथमिक इच्छा। मैं दलितों पर हो रहे अन्याय और अत्याचार से परेशान था। इसका मतलब यह नहीं कि मैं दूसरों के अन्याय और अत्याचार से परेशान नहीं होता। किसी के भी साथ और किसी के भी द्वारा किये गये अन्याय से मैं परेशान होता हूँ। मैं इन्सानों पर होनेवाले दमन और शोषण को देखकर परेशान होता हूँ। मैं इन सबके प्रति संवेदनशील हूँ। लेकिन मेरी प्राथमिकता और प्रतिबद्धता दलितों को लेकर ज़्यादा है। एक दलित होने के नाते जब मैं दलितों के बारे में लिखता हूँ तब मैं अधिक सच्चे और प्रबल रूप से अभिव्यक्त होता हूँ। मैं दलितों, आदिवासियों, खानाबदोशियों, सर्वहारा वर्ग और

महिलाओं पर हो रहे अन्याय से विचलित होता हूँ। जिस समाज, परिस्थिति, समय, देश में मेरा जन्म हुआ है, उससे मेरी नाल जुड़ी हुई है। मैं उसे कभी तोड़ नहीं पाया।

ऐसा महसूस होना स्वाभाविक है कि मैं अपने लेखन के माध्यम से सम्पूर्ण सवर्ण समाज पर आग बरसाता हूँ, क्योंकि मेरा संवाद मुख्यत: सवर्ण समाज से है। इसका मतलब यह नहीं है कि समूचे सवर्ण समाज से मेरी दुश्मनी है। इस समाज का हर जातिवादी व्यक्ति मुझे शत्रु जैसा लगता है। एक सवर्ण व्यक्ति जो दलितों के साथ इन्सानों जैसा व्यवहार करता है और उनके मानव अधिकारों का समर्थन करता है, वह मित्रवत लगता है। दरअसल हर किसी को जाति व्यवस्था के ख़िलाफ़ लड़ना चाहिए। लेकिन जाति व्यवस्था में जिनका हित है वे जाति को तोड़ना नहीं चाहते। दलित सभी की ओर से जाति व्यवस्था के ख़िलाफ़ लड़ रहे हैं क्योंकि जाति व्यवस्था ने उन्हें नुक़सान पहुँचाया है। जाति व्यवस्था समाज के सवर्णों के हित की रक्षा करती है और दलितों का अहित करती है। इससे समाज में भेदभाव होता है। समाज में फूट पड़ती है। तनाव बढ़ जाता है। समाज में भेदभाव, फूट और तनाव को मिटाने के लिए दलित लड़ रहे हैं। उनका समर्थन करने के बजाय उनका विरोध करना यानी जाति व्यवस्था का समर्थन करना है। दलित साहित्य का सवर्ण प्रगतिशील समाज द्वारा ज़ोरदार स्वागत किया गया है। इसे कभी भी नज़रअन्दाज़ नहीं किया जा सकता।

राष्ट्र का मतलब अरंडी का पेड़ नहीं
तेरे नहाने की जगह पर लगाया हुआ
हम दोनों का लगाया हुआ
यह सुन्दर फूलों का पेड़ है

'हल्ला' की कविताएँ दलितों की प्रतिनिधिक प्रतिक्रियाएँ हैं। कविता लेखन एक बेचैन चिन्तन है। परम्परागत रूप से यह कविता नहीं है। यह कोड़ा है। ये कविताएँ अन्याय, अत्याचार के विरुद्ध पीड़ित को साहस देने, दमन करने वाले से जवाब माँगने और समाज की आँखों में तीखा काजल लगाने के उद्देश्य से साकार हुई हैं। ये कविताएँ सामूहिक मन के बारे में हैं। ये सामूहिक मन को समेटती हैं। जातिवादी मन को ज़ख़्मी करती हैं। एक अकेला इन्सान इन कविताओं का लक्ष्य नहीं है। ये पूरी व्यवस्था को झकझोर देने वाली कविताएँ हैं। अत: इन कविताओं का स्वरूप धारदार और उग्र प्रतीत होता है। ये कविताएँ आवाहन करने वाली, सूचना देने वाली, ज़ोर-ज़ोर से बोली जाने वाली और ज़ोरदार और आवेश से भरपूर हैं। इसीलिए ये ध्यान आकर्षित करने वाली लगती हैं।

सपने देख रहा हूँ मैं यह पता चलने पर
मेरे घर पर बिठा दिये तुमने पहरे

या

यह कविता क्या बीज बो सकती है
इसका अन्दाज़ा नहीं लगाया जा सकता कभी भी

या

यह कोई जाति व्यवस्था नहीं है एक जाल है
एक को बचाने के लिए हज़ारों को मारने का
यह ईश्वर नहीं शिकारी है
यह कविता नहीं तुरही है

'हल्ला' संग्रह की कविताएँ एक अशान्त समुदाय की विद्रोही चेतना की प्रतीति कराती हैं, जिसे नज़रअन्दाज़ किया जा रहा है। साहित्य की वजह से सामाजिक बदलाव होता है और सामाजिक बदलाव के लिए पृष्ठभूमि तैयार होती है। सम्पूर्ण समाज में यानी दलितों और सवर्णों में यह बदलाव लोकतान्त्रिक और अहिंसात्मक तरीक़े से होना चाहिए। ऐसे दिलासे देती हुई होने के बावजूद इन कविताओं का समग्र स्वरूप एक हमले, विद्रोह जैसा है। सोते हुए समाज को जगाने के लिए लोरी नहीं गायी जाती। उसके लिए ज़ोरदार हल्ला करना पड़ता है। यह कोलाहल वेदना और विलाप के रूप में व्यक्त होता प्रतीत होता है। लोकतन्त्र में भी ऐसा समाज है जो शस्त्रों की पूजा करता है, आस्था के नाम पर परिवर्तन का पुरज़ोर विरोध करने वाला समाज है।

उपहास, व्यंग्य, दम्भ और आत्म-समीक्षा इस कविता के दूसरे पक्ष हैं। ये कविताएँ हमारे भीतर छिपे दुश्मनों को खोजने, स्वार्थी और समाज को बेच खानेवाली प्रवृत्ति पर वार करने, आन्दोलन को गुमराह करने वाले कार्यकर्ताओं और नेताओं के ख़िलाफ़ आग उगलने का एक भी मौक़ा नहीं चूकतीं। ये कविताएँ यजमान समाज की बुराइयों के साथ-साथ अपने समाज की अहित करनेवाली प्रवृत्तियों के ख़िलाफ़ भी उतने ही बेधड़क तरीक़े से बोलती नज़र आती हैं, इसलिए ये कविताएँ मुझे मेरी अपनी ज़ुबान लगती हैं।

–शरणकुमार लिंबाले

न्याय

तुम ही अन्याय करोगे
और तुम ही करोगे न्याय
यह कैसी है रीत
हम हैं झूठे करते हैं झूठे केस
जातिवाचक गाली-गलौज करने के
तुम शाह हम चोर
हमारे न्याय माँगने का मतलब अन्याय
यह कैसा सिद्धान्त
मनु तुम्हारी रग-रग में
कैसे दोगे हमें न्याय
न्याय की आड़ में काटोगे गला
हम गाय और तुम क़साई
करो न्याय

मंज़ूर नहीं हमें तुम्हारी देह का ढोना भार
क़दमों ने हमारे पकड़ ली है अलग राह
फिर गया है तुम्हारा दिमाग़
कहाँ रखूँ पाँव
झूठे शास्त्र झूठे पुराण झूठा इतिहास
कैसे करूँ विश्वास
झूठे तुम तुम्हारी औलाद
ख़ाली करो जगह रखने दो पाँव
मैंने अपनी मर्यादा ली है लाँघ

एक बार तो करने दो तुम पर राज
हूँ बराबरी का तुम्हारी ना कि तुम्हारा महार
अपने कुल की जड़ों में पनपने दो संविधान

मुनादी

सड़क पर उतरकर करते हैं हम मुनादी
हम तुम्हें लगते हैं हिंसक
हमारा नाता पनपा है हिंसा पर
जाटों ने की आरक्षण के लिए हिंसा
तो ब्र नहीं निकाला
राजपूतों ने की पद्मावत के लिए हिंसा
तो ब्र नहीं निकाला
सड़क पर उतरकर करते हैं हम मुनादी
हम तुम्हें लगते हैं हिंसक
गोली खाकर मरते हैं केवल हम
बताओ किसने की गोलीबारी
किसने की हिंसा
सड़कें कैसे रंग गयीं ख़ून से
सड़क पर उतर न आयें हम इसलिए
देते हो गीदड़ भभकियाँ
पीड़ित को ही खड़ा कर देते हो कटघरे में
अपराधी को देते हो क्लीन चिट
देते हो न्याय अपने ही पक्ष में
हमारी तरफ़ महज़
आँसू गैस के गोले और बन्दूक़ों की बुलेट
और हमारी लावारिस लाशें
फिर से सड़क पर उतर न आयें इसलिए
फैलाते हो तुम दहशत

ध्यान रहे
उग आयेंगे हम तुम्हारे घर में
उग आयेंगे पार्लामेंट में उग आयेंगे सुप्रीम कोर्ट में
उग आयेंगे स्वर्ग में पाताल में
मुनादी सिर्फ़ हमारे होंठों पर ही नहीं
सर्वहारों के होंठों पर भी है
कितने दिन जियोगे शंकराचार्य के साये में
जो अपने बाप को कर न सका ज़िन्दा
वो तुम्हारे लिए क्या करेगा
ध्यान रहे
नहीं कोई अवतार लेने वाला
पगली कल्पना है यह सारी
हमने मन्दिर बनाये गढ़ दिये देव
क्यों उठाते हो तुम उँगली आसमान की ओर
उगेंगे रे उगेंगे
गिरवी रखी हुई बुद्धि में उगेंगे
बन्दूक़ की गोलियों में उगेंगे
सूरज में उगेंगे
ध्यान रहे
हम तुम्हारे होंठों पर उगेंगे

बन्द करो यह ढोंग

एक ओर खण्डित करते हो प्रतिमाएँ
दूसरी ओर बताते हो संविधान का शिल्पकार
बन्द करो यह ढोंग

बाबासाहेब के नाम के आगे लगाते हो रामजी
और कहते हो हमारी अयोध्या के हैं रामजी
बन्द करो यह ढोंग

कहते हो चिल्लाकर कि आरक्षण नहीं होने देंगे बन्द
भर्ती तो करते नहीं
भर्ती की जगह रख लेते हो डुप्लीकेट फेक
बन्द करो यह ढोंग

एक ओर करते हो पूजा बाबासाहेब की
क्योंकि वे नहीं बने मुसलमान
देश पर बाबासाहेब का मानना चाहिए एहसान
नहीं होने दिया उन्होंने देश का और बँटवारा
दूसरी ओर बदलते हो संविधान सुविधा के अनुसार
बन्द करो यह ढोंग

स्वच्छ भारत का कर रहे हो विचार बेशक करो
हज़ारों बरस जिन्होंने की साफ़-सफ़ाई कब करोगे उनका विचार
मरी गाय का करते हो कितना विचार

मरे जानवरों को खींचने वालों का कब करोगे विचार
हिन्दू-हिन्दू भाई-भाई कहते हो
बन्द करो यह ढोंग

झोंपड़ियों में रहते हैं हम दरिद्रता में कुढ़ते हैं
वो भी तुम्हें बरदाश्त नहीं
झोंपड़ियाँ जलाते हो करते हो अन्याय
चाहिए अब कब्ज़ा हमें कोठियों पर हवेलियों पर
चाहिए कब्ज़ा ज़मीन-जायदाद पर
झुककर बात क्या की तुमने तो ग़ुलाम बना लिया
अब देना पड़ेगा इशारा बग़ावत का
हर बात में जताना पड़ेगा अधिकार
स्वागत है तुम्हारे झुण्ड का
स्वागत है तुम्हारी आगजनी का
कर ली है हमने तैयारी
देश की सत्ता पर कब्ज़ा कर लेने की
लाल क़िले पर भाषण देने की
बन्द करो हल्ला तुम्हारा
बन्द करो यह ढोंग

मुखौटा

हर कोई बोल रहा है जय भीम
पता नहीं कौन है अपना कौन पराया
हर कोई मना रहा जयन्ती
पता नहीं चल रहा असली किसकी और नक़ली किसकी
मैंने तो बाबासाहेब को
दिल में बसाकर रखा है
पता नहीं वे ठेलों-ठेलों पर कैसे हो गये प्रगट
पता नहीं कौन है सच्चा कौन झूठा
है एक ही मुखौटा सबका
पहचान मिटाने की यह चाल
नीलामी वोटों की
वे नहीं अब बोल रहे कि संविधान बदलेंगे
वे नहीं अब बोल रहे कि आरक्षण बन्द करेंगे
कुछ समझ नहीं आ रही यह भाषा यह दिशा
सत्ता का नंगा नाच
वोटों का बाज़ार भाव सत्ता का नशा
हर कोई बोल रहा है जय भीम
पता नहीं चल रहा कौन है अपना कौन पराया

जमावड़ा

क्या है ये
रहता हूँ मैं देश में या जमावड़े में
क्या है ये
स्वजन मेरे या दंगाई
मुझ पर उनका स्नेह
चमकती नंगी तलवारों के समान
ग़ुस्से से भरी उनकी ललकार
भयावह भय से काँपता हुआ मैं
घर भी सुरक्षित नहीं लगता मुझे
क्या है ये

जी रहा हूँ मैं आज़ादी में या ग़ुलामी में
ऐसा कैसा मेरा देश कि बन गया यह शत्रु प्रदेश
माँ, बहन, पत्नी का आक्रोश
भीषण विकराल जमावड़े का आवेश
किया क्या हमने गुनाह जो होता है शोषण बारम्बार
लिया जो जन्म अछूत के रूप में
क्या यह था हमारे हाथ में
हाथ हमारे ख़ाली बेकार
सहमे हुए फूल हैं बालक
घर को झुलसाने वाली सपनों की चिता
क्या है ये

सींग निकल रहे हैं मेरे उग रहे हैं पैर
माथे में मेरे भभक रही है ज्वाला
होंठों पर मेरे उतर रही है सशस्त्र फ़ौज
आँखें मेरी तथागत सी निर्मल शान्त सुन्दर
अहिंसामय प्रार्थना के समान
क्या है ये

मैं बाग़ी इन्सान हूँ या तूफ़ान
यह कैसा कायापलट अन्दर-बाहर ऊपर-नीचे
गा रहे हैं लोग गीत क्रान्ति के
गुनगुना रहा हूँ मैं भी
क्या है ये

शस्त्रपूजा

यह भय कहाँ से जन्मता है क़दम-क़दम पर
जगह-जगह पर
क्यों होती है मन्दिरों में हिंसा
क्यों होते हैं आशीष देने वाले हाथों में शस्त्र
क्यों होती है प्रेम की हत्या
जाति के टोलनाके पर
यह भय कहाँ से जन्मता है क़दम-क़दम पर
जगह-जगह पर
आख़िर ऐसा क्या हुआ कि उलटी दिशा से निकला सूरज
इन्सान बन गया भेड़िया
भौंकने लगा बौरा कर
यह भय कहाँ से जन्मता है क़दम-क़दम पर
जगह-जगह पर
उन्हें बताना पूछ रहा हूँ मैं
वे हो जाते हैं आक्रामक उठाते हैं तलवारें
चूँकि हमें लगता है दलितों से डर
चूँकि उमड़ आयेगी बदले की भावना
शस्त्र पूजा करते हैं हम
इसलिए कि मुट्ठी में तुम्हारी उग आये हैं आम्बेडकर
यह भय कहाँ से जन्मता है क़दम-क़दम पर

मूर्ति

बाबासाहेब मूर्ति आपकी
समाकर नज़रों में उतर जाती है दिल में
काले बादल समान बनकर नीला बादल
खौलने लगती है रग-रग
धधकता है रूप आपका बख़्तरबन्द गाड़ी सा
माथे में ग़ुस्से की यह आग
समाज में आ गयी नीली जाग
शस्त्र नहीं है हाथों में मेरे
फिर भी मैं लड़ रहा हूँ युद्ध
बाबासाहेब मूर्ति आपकी
छाप लेता हूँ दिमाग़ में अपने
दिमाग़ बन जाता है त्रिशरण की धुन
बाबासाहेब नीले सपने आते हैं मुझे
आपके चरणों में चढ़े फूल बनने का करता है मन
आपकी उँगली पकड़कर चलने वाला बालक बनने का करता है मन।

रमाबाई

रमाबाई आती हैं सपने में मेरे
थमाती हैं संविधान हाथों में मेरे
मेरा देश मेरी आवाज़
मेरा द्वेष मेरा रोष
बोधिवृक्ष पर छायी नीलिमा
रमाबाई आती हैं सपने में मेरे
थमाती हैं क़लम हाथों में मेरे
मेरे सुर मेरे गीत
मेरे शब्द मेरे शस्त्र
जगह-जगह दिखें भीमाई
रमाबाई आती हैं सपने में मेरे
थमाती हैं मशाल हाथों में मेरे
छाया अँधियारा कौंधी बिजली
हार गया अन्याय पीटा न्याय का ढिंढोरा
रमाबाई आती हैं सपने में मेरे
भाईचारे का गीत गाती हैं होंठों पर मेरे

आज़ादी

कहाँ है आज़ादी मेरी
बताओ मुझे आज़ादी मेरी
किसने दफ़नाकर रखी है
आज़ादी मेरी
किसने छीन ली है
आज़ादी मेरी
बताओ मुझे आज़ादी मेरी
कहाँ है आज़ादी मेरी

आसमान की आड़ में तुमने सूरज को छिपा दिया
बादलों की आड़ में तुमने बारिश को चुरा लिया
जाति की आड़ में तुमने पानी लेने से रोका
पनघट से पानी लेने से मुझे रोका
बताओ मुझे आज़ादी मेरी
कहाँ है आज़ादी मेरी

सिर काट दिया शम्बूक का मेरे
अँगूठे तोड़ दिए एकलव्य के मेरे
क्यूँ ढोऊँ मैं जाति प्रथा का भार
समझो रे समझो इशारे मेरे
बताओ मुझे आज़ादी मेरी
कहाँ है आज़ादी मेरी

भला क्यों गले मिलूँ
भला क्यों भाई-भाई बोलूँ
भला क्यों तुम्हारे पीछे-पीछे चलूँ
अलग है मेरी राह मुट्ठी में पकड़ लूँ चाँद
बताओ मुझे आज़ादी मेरी
कहाँ है आज़ादी मेरी

पुकार

सुनो रे सुनो दस दिशाओं से मेरी पुकार
आओ ऐसे यहाँ मिलजुलकर लें एकता की शपथ
हज़ारों बरस से हमारे ख़िलाफ़ एक हैं वे
हम चार कैसे रह सकते हैं अपने ख़िलाफ़
सुनो रे सुनो दस दिशाओं से मेरी पुकार
समझ लो इतिहास वेद पुराण
छोड़ दो अन्धविश्वास और पुराणों का गुणगान
उगते सूरज के साक्षी बन उदित हो जाओ अँधियारे के ख़िलाफ़
सुनो रे सुनो दस दिशाओं से मेरी पुकार
याद करो आक्रोश और अनेक हत्याएँ हमारी
सबक लो समानता के और एक हो जाओ अन्याय के ख़िलाफ़
कसम है तुम्हें इन्साफ़ की जाओ मत ख़िलाफ़
सुनो रे सुनो दस दिशाओं से मेरी पुकार
अटल है अब लड़ना होगा नहीं युद्धविराम
जागो अब उठ चुका है बवण्डर नहीं मिलेगा किसी को आराम
आँधी तूफ़ान में तेज़ धूप बरसात में भी लड़ेंगे युद्ध
सुनो रे सुनो दस दिशाओं से मेरी पुकार

आग

तोड़े मैंने आसमान के तारे
सूरज को बनाया गवाह
फोड़े मैंने उजियारों के कोठार
गाड़ देंगे सभी जातियों को
देश तेरा मेरा और सब का
इतिहास तेरा मेरा और गर्व का
पूरे कर दिये मैंने हिसाब सारे
आओ रे बनें तूफ़ान के साक्ष्य
कौन तय करता है किसकी है राष्ट्र भक्ति
कौन भड़काता है किसके उल्टे दिमाग़ को
ताड़ लिए हैं मैंने दुश्मनों के हथियार
लाँघकर आ जाओ गुटबाज़ी में
सौंपता हूँ मैं तूफ़ान दावानल तुम्हारे हाथ
गाता हूँ मैं नये युग की नयी आरती
उठो अब बन जाओ प्रकाश
आग जलाने लाया हूँ आग

गरजता समन्दर

मैं तूफ़ानी हवा गरजता समन्दर
मैं उफ़नती धारा गरजता समन्दर
अब कौन रोकेगा किसको
गरज उठा है समन्दर

अब कौन नग्न करेगा किसको
गरज उठा है समन्दर
मैं चमकता तारा गरजता समन्दर
मैं विजयी राजमुद्रा गरजता समन्दर
मन को प्रेरित करती है चैत्यभूमि
गरज उठा है समन्दर

जन-जन को प्रेरित करती है दीक्षाभूमि
गरज उठा है समन्दर
युद्धभूमि करती रहती है जंग का इशारा
गरज उठा है समन्दर
मैं नीला हरकारा गरजता समन्दर
मैं बुद्ध मैं यशोधरा गरजता समन्दर

पीपल के पत्ते

युद्ध में मैंने जलाई तेज की बाती
बुद्ध में मैंने जलाई भीम की ज्योति
पीपल के पत्तों से सुनाई दी सरसराहट
नीले बादलों की नीली छटपटाहट
गरजने लगीं बिजलियाँ देख भीम की क़लम
युद्ध में मैंने जलाई तेज की बाती

मन्त्र-तन्त्र सर्वत्र हो गये पस्त
भट्ट भिक्षुओं को होने लगी बौखलाहट फड़फड़ाहट
त्रिशरण की वन्दना बुद्धम् शरणम् गच्छामि
युद्ध में मैंने जलाई तेज की बाती

गरजने लगा आसमान गरजने लगी धरती
नीले सागर में आया नीला ज्वार
मोर्चे पर मैंने भींच दी मुट्ठी वीरों की
युद्ध में मैंने जलाई तेज की बाती

दृढ़ विश्वास के साथ गाता हूँ विजय अपनी
एक ध्वनि से गरजा भीम मेरा
अँधियारे विश्व में ज़मीन हिला दी मैंने
युद्ध में मैंने जलाई तेज की बाती

गिरवी

सिल दिये हैं किसने होंठ तुम्हारे
बोलो ना
सिल दी हैं किसने आँखें तुम्हारी
खोलो ना
कब बेच दी बुद्धि अपनी
बताओ ना
कब बन गये चापलूस
बोलो ना
कब रख दिया गिरवी
देश को अपने
कब और कैसे भूल गये
भाषा अपनी
कब मौन को स्वीकारा
ये सवाल है हमारा
सूरज फलता है जीभ पर तुम्हारी
देश चलता है बुद्धि पर तुम्हारी
बुद्ध जगता है विवेक से तुम्हारे
इतिहास नहाता है पसीने से तुम्हारे
गिरवी मत रखो शब्दों को तुम
मौन का आरम्भ है यह
मौन को धारण मत करो तुम
आत्मा की निर्मम हत्या है यह

पंगत

कौन हूँ मैं यही भूल गया
क्या करना है मुझे यही मालूम नहीं
कोई तो है जो तय करता है कौन हूँ मैं
कोई तो है जो तय करता है क्या करूँगा मैं
वे कहते हैं बैठ जाओ तो बैठ जाता हूँ मैं
वे कहते हैं उठ जाओ तो उठ जाता हूँ मैं
पत्थर-शिलाओं से अलग नहीं है अस्तित्व मेरा
यही तो चाहते हैं वे
और नहीं चाहता मैं
स्वीकार्य नहीं है मुझे तुम्हारा हितोपदेश
स्वीकार्य नहीं हो तुम मेरे हितचिन्तक
स्वीकार्य नहीं है मुझे तुम्हारी पाबन्दी लगातीं नज़रें और अँगुलियों के निर्देश
स्वीकार्य नहीं हो मुझे किसी अपने के रूप में तुम
बैरी हैं एक-दूसरे के हम
छत्तीस का आँकड़ा है हमारे बीच
ना ही मैंने स्वाँग रचाया है ना ही मैंने मुखौटा पहना है
क्यों ढोंग कर रहे हो भाईचारे के तुम
तुम्हारा और मेरा नहीं है एक हित
मैंने इन्सानियत बाँटी है
और तुमने बाघनख
ध्यान रहे
रहना है एक ही झण्डे के नीचे
जीना है एक ही मण्डप के नीचे

फिर क्यों करते हो सहभोज का ढकोसला
ध्यान रहे
मैं नहीं बैठने वाला पंगत में तुम्हारी
अलग है हमारी पंगत

ईसवी सन्

समझता हूँ मैं तुम्हारे इशारे
समझता हूँ मैं तुम्हारी नज़रों की भाषा
और तुम्हारे होंठों की गुप-चुप हरकतें
तुम्हारा हमें नज़रअन्दाज़ करना और हमारा ज़िक्र भी न करना
हम से दूरी बनाकर रखना
हमेशा हमें दूर रखना
यह जानने के लिए कि क्या है मन में तुम्हारे
तुम्हारे मन की बात जानने
किसी ज्योतिषी की ज़रूरत नहीं
तुम्हारा मीठा बोलना और मन में कपट
कैसे भूल सकता हूँ यह सब
तुम्हारी फैलाई हुई अफ़वाह बदनामी
और मतलब से भरे फ़ासले
पहचानता हूँ रे तुम्हारी जात
काले दिलवाली
समझ लो रे
तुम्हारे इतिहास में मेरी अनुपस्थिति
तुम्हारे घर में मेरे लिए रखे हुए
अलग बरतन और वह कोने की जगह
तुम्हारी कितनी भी इच्छा होने के बावजूद
मैं तुम्हारे साथ बैठूँगा नहीं
समझ जाओ रे
यह कल-आज में बनी हुई लक्ष्मण रेखा नहीं है

प्राचीन काल से है हमारी दहलीज़ अलग
शूर्पणखा की कटी हुई नाक उग आयी है
एकलव्य का अँगूठा उग गया है
शम्बूक का सिर जुड़ गया है
तुम सब भ्रम में मत रहना
मैं नहीं आने वाला पीछे-पीछे तुम्हारे
नहीं मिलाने वाला तुम्हारे सुर से सुर
मुझे शामिल किये बिना हिसाब करना
गड़बड़ा जायेगा तुम्हारे तमाम ईस्वी सनों का इतिहास
तुम्हारे जन्म-मृत्यु के पंजीकरण ग़लत साबित होंगे
मुझे हल्के में लेकर किया हुआ जोड़-बाक़ी ग़लत निकलेगा
झूठा है इतिहास तुम्हारा
समझता हूँ मैं तुम्हारे इशारे
समझता हूँ मैं तुम्हारी नज़रों की भाषा

हवा

तू कैसे मारा गया
तू कैसे फँस गया जाल में उनके
तू दगाबाज़ मोहब्बत में कैसे रंग गया
तूने कैसे किया विश्वास झूठी आस पर
क्या तुझे थोड़ा-सा भी नहीं हुआ शक
उनके अजीब व्यवहार का
उन्होंने पिलाई थी तुझे
या फिर किया था ब्लैकमेल
उन्होंने भाँप ली थी कौन-सी कमज़ोरी तेरी
तूने आख़िर तक नहीं तोड़ा मौन
ना ही जताई आख़िरी इच्छा
ऐसे कैसे चुपचाप चला गया
ढूँढ़ रहा हूँ मैं तेरे पैरों के निशान
लग नहीं रहा सबूतों का कुछ अता-पता
इतने बरस जागकर भी
तेरे एक पल का भी न मिले साक्ष्य
इसलिए सारे सबूत ही मिटा दिये हैं उन्होंने
यहाँ जन्म भी न हुआ था तेरा
तब से तैयारी है उनकी
सब कुछ साबित करने की
उन्होंने प्लानिंग करके किया ख़ात्मा
जब वे कर रहे थे रेकी तब रहा तू गाफ़िल
हमारे लिए तूने बनने दी क़तार

हिट लिस्ट में तेरे बाद अब नाम हैं हमारे
अब हम कर रहे हैं शस्त्र पूजा
हथिया लिए हैं उनके ईश्वर के हाथों में थमे हुए शस्त्र
नहीं लेगा कोई अवतार
उसका रखा गया है ख़याल
उनका भयावह चीख़ना-चिल्लाना और उनके हाथों के
हथियारों की खनखनाहट
और तेरे रक्त का उड़ा फ़व्वारा
तेरे आख़िरी शब्द या चीख़
हमारे लिए कुछ तो कहीं पर हमारे लिए
श्वास उच्छ्वास छोड़ जाना था
क्यों किसी को नहीं बताये
सन्दिग्धों के नाम
क्या हमसे नहीं था तुम्हारा कोई नाता
क्यों नहीं था हम पर भरोसा
हम तेरा साथ देंगे इसलिए
अकेलेपन को दिया है झाड़ दागी हुई बन्दूक़ की गोली के समान
अब निकल पड़ा हूँ मृत्यु की खोज में
बोलूँगा मैं ज़ोर-ज़ोर से
जिसको जो लगता है वह लगे
देशभक्ति के नारे झुण्ड के इशारे
हो जायेगी मौन बेमौसम हवाएँ
अब राष्ट्र ध्वज समान फड़फड़ा रहा हूँ मैं
दिल में अशोक चक्र समान रखकर तेरी याद
फड़फड़ा रहा हूँ मैं अब

प्यार से विश्वास से

बोलना है मुझे तुझसे
प्यार से विश्वास से कन्धे पर रखकर हाथ
बेमतलब मुझ पर मत करो शक
तुझसे तेरे धर्म से करता हूँ मैं प्यार
संस्कृति परम्परा के लिए हूँ एकनिष्ठ
बोलना है मुझे तुझसे
प्यार से विश्वास से कन्धे पर रखकर हाथ
तुझसे पहले यहाँ जन्मा मैं
तेरे सारे पूर्वजों के पहले
यहाँ तक कि तेरे ईश्वर के जन्म से भी पहले
यहीं था मैं
तू क्यों नकार रहा है यह
बोलना है मुझे तुझसे
प्यार से विश्वास से कन्धे पर रखकर हाथ
मिटा दिये हैं तूने सारे निशान
बर्बाद कर दीं तूने सारी कथाएँ, कहानियाँ
मोड़ दिया तूने हवा का रुख
भगा ले गया सारे बादल
चुरा ले गया चाँदनी सारी
हमारी छुपाकर रखी हुई
प्रकाश की चार किरणों को भी तूने बना लिया बन्धक
शिकायत नहीं हैं हमें
कभी तो सुन हमारी बात

कितनी सुनते रहें तेरी
बोलना है मुझे तुझसे
प्यार से विश्वास से कन्धे पर रखकर हाथ
जड़ों को उखाड़ देंगे तो कैसे खड़ा रहेगा पेड़
पानी में रहकर कैसे हो सकता है मगरमच्छ से बैर
तू मैं और मेरे तेरे सब लोग
रह रहे हैं मिलकर क्या यह भूल गया
इस ज़मीन पर है पाँव तेरा
मेरा भी
मत रख तू मेरे सिर पर पाँव

बोलना है मुझे तुझसे
प्यार से विश्वास से कन्धे पर रखकर हाथ
दिमाग़ में मेरे हो रहा है विस्फोट
मत रख तू मेरे सिर पर पाँव
वरना उड़ जायेंगी धज्जियाँ
तेरा इतिहास वामन का भले ही हो
बोलना है मुझे तुझसे
प्यार से विश्वास से कन्धे पर रखकर हाथ

आन्दोलन

बेच दिये तुमने सारे आन्दोलन
कुर्सी-मेज़ के लिए
बेच दिया समाज को करके बातें बड़ी-बड़ी
बँगले और गाड़ियों के लिए
तुमने बेच दिया ख़ुद को
बीड़ी-तीली के लिए नमक-मिर्च के लिए
बेचने के लिए क्या रह गया है बाक़ी
कौड़ियों के दाम में भी नहीं लेगा कोई
तुम्हारे वादे और भरोसे
कैसे विश्वास करें तुम पर
विश्वास से सिर रखा तुम्हारे कन्धे पर तुमने काट दिया गला
क्या पाया तुमने?
बेचकर मिट्टी के मोल समाज के सपने
बेच दिये रद्दी में विचार सारे
बेच दी चिल्लर के दाम में रथ चक्र की नीली राह
किस आशा के साथ घुमाओगे
सम्पूर्ण क्रान्ति का पहिया
ख़ाली है जेब तुम्हारी
तुमने जनता की भी जेब काटी
रथ खींचना है तुम्हें ना आगे
ना ही पीछे
रथ चाहिए तुम्हें अलग-अलग टुकड़ों में
औने-पौने दाम पर बेचकर खाने के लिए

बेच दिया है तुमने
सिर के ऊपर का आसमान और पैरों तले की ज़मीन
क्या बेचोगे अब
कुर्सी-मेज़ बँगले-गाड़ी या फिर ख़ुद को
नीलामी में फिर एक बार
अब तो तुम्हारी रद्दी भी कोई नहीं लेगा
बेच दिये तुमने सारे आन्दोलन
कुर्सी-मेज़ के लिए
बेच दिया समाज को करके बातें बड़ी-बड़ी
बँगले और गाड़ियों के लिए

हिमायती

तुम्हारे किये हुए सारे फ़ैसले हैं
ख़िलाफ़ मेरे
जानता हूँ मैं
तुम्हारे पारदर्शी गड़बड़झाले
कैसे हाथ मारा तुमने
यह पता भी न चला
तुम्हारा पलड़ा भारी हमारा हल्का
तुम्हारे पैमाने खोटे खोटे सिक्के
तुम किसके हो हिमायती मालूम है
राम नाम सत्य है
तुमने उल्टी गंगा बहाई
न्याय को जातियों में बाँटा
बाँटते खंडोबा का प्रसाद जैसे
कैसे माँगे न्याय क़साई से
गाय
कैसे कहे अपनी जान बचाने चिड़ीबाज़ से
परिन्दा
तुम ढोल-नगाड़े बजाओ धूम मचाओ
देव पूरी करते हैं मन्नत तुम्हारी
हम तो ठहरे बलि के बकरे
तुम्हारी देवी का दिया हुआ आदेश नकारते हैं हम
महज पक्षपाती होते हैं तुम्हारे हिमायती
हमारा पक्ष है मज़बूत न्यायपूर्ण

हक़ों की अधिकारों की
तुम्हारे तमाम फ़ैसलों पर पानी फेरने की
सच को कर उजागर
देते हैं हम वचन लगाओ अन्दाज़ा हालात का
भाग्य नहीं यह न्याय नया

लूट लिए गये

दोस्तो
जिस देश-प्रदेश के भी हो तुम
भाषा के जाति के संस्कृति के हो या फिर धर्म के
एक ही हैं हम
एक पेड़ की शाखाएँ अनेक
एक पेड़ की जड़ें अनेक
दोस्तो
चारों ओर से लूट लिए गये हैं हम
सब कुछ गँवाने वाले हम लोगों का नसीब एक
लगातार यहाँ-वहाँ से
एक ही हैं हम एक ही रक्त-मांस से बने
सुख-दुख भी हैं एक जैसे
दोस्तो
आओ उतार फेंकें हम
ख़ुद पर लादी हुई झूल अनेक
अलग-अलग चूल्हे
आने दो खुली-खुली हवा
हमारे पेड़ 'हमारी मिट्टी' हमारी रोशनी
हमारा आसमान, हमारे बौर, हमारी जड़ें
हमारा पानी और हमारा ख़ून
एक ही हैं हम
हमारी नंगी भूख बारूदी सुरंग सी

भूल जाओ जात-पाँत एक ही पेड़ के हैं रिश्ते-नाते
दोस्तो
एक ही हैं हम एक ही
हमारे लुटेरे लूटपाट भी एक ही

उतरना ही पड़ेगा सड़क पर

आओ रे आओ सब आ जाओ मोर्चे में
ताक़त दिखाओ
सख़्त बन्दोबस्त से डर ना जाना
अफ़वाहों पर विश्वास ना करना
मोर्चे पर पथराव होगा
फूटेंगे आँसू गैस के गोले
चलेंगी लाठियाँ और गोलियाँ
अब तो उतरना ही पड़ेगा सड़क पर
बलात्कार करने वाले को दो सज़ा
इसलिए निकालना पड़ रहा है मोर्चा
मर गयी है सरकार
या फिर रचा रही है सोने का स्वाँग
सत्याग्रह से नहीं निकलता सवालों का हल
कैसे लेना चाहिए हाथ में क़ानून
नुक़सान की गिनती करेगा सरकारी तन्त्र
कई लोगों की होंगी गिरफ़्तारियाँ
जनता को तकलीफ़ देने की शिकायत होगी
वो जनता हैं और हम जनता नहीं
उनके लिए ज़रूरी है मौज-मस्ती
हमारी बेगारी सस्ती
आओ रे आओ सब आ जाओ मोर्चे में
ताक़त दिखाओ

लोग हैं हम जिसे कहा जाता है जनता
देश हैं हम जिसे कहा जाता है राष्ट्र का चेहरा
अब तो उतरना ही पड़ेगा सड़क पर
ध्यान रहे यही सड़क ले जायेगी सत्ता की ओर

झुण्ड लेकर आता है तू

कौन है रे तू इन्सान ही ना
या फिर जानवर था बाप तेरा
इसलिए बन गया ऐसा जानवर जैसा
देख दुख में भी कैसे हँसते हैं हम
आधे पेट भी कैसे मुस्कुराते हैं हमारे ग़म
आधी रोटी खाते हैं कैसे बाँटकर
नग्न होते हुए भी कैसे बचाते हैं अपनी इज़्ज़त
कौन है रे तू इन्सान ही ना
हम भी इन्सान हैं
आस-पास के तेरे
कई बार मिले बतियाये
एक-दूसरे को देखकर मुस्कुराये
दंगे-फ़साद के समय भूल जाता है तू यह सब
आँखें तेरी लगती हैं ख़ूँखार और नज़र विषैली
झुण्ड लेकर आता है तू
जहाँ साथ-साथ उठे-बैठे हम
वहीं आग लगाता है तू
कौन है रे तू इन्सान ही ना
बेहोशी का स्वाँग रचाकर करता है तू वार
नाचता है लेकर तलवार
मैंने तुझे तिल-गुड़ दिये
दशहरे के दिन सोना पत्ती देकर गले लगाया
ख़ून दिया तुझे

तू सब कुछ भूल गया
कौन है रे तू इन्सान ही ना
एक ही रंग तेरे मेरे लहू का
रहते हैं साथ-साथ गली-मुहल्ले चौक में
घर आया साथ बैठा खाया-पिया
फिर भी भूल गया सब कुछ
कौन है रे तू इन्सान ही ना
राष्ट्र का मतलब अरंडी का पेड़ नहीं
तेरे नहाने की जगह पर लगाया हुआ
हम दोनों का लगाया हुआ
यह सुन्दर फूलों का पेड़ है
कौन है रे तू इन्सान ही ना!

चिनाई का पत्थर

मैं कहीं पर भी आता नहीं नज़र ख़ुद को
मौक़े की जगह पर
मैं झिड़का हुआ नाकारा
चिनाई के इस काम में पत्थर के रूप में
मैं किसी काम का नहीं
समाज में इन्सान के नाते
नहीं मेरी कोई क़ीमत
क्या है गणित मुझे कम आँकने के पीछे
क्या है हिसाब मुझे नकारने के पीछे
तुम ही हो हर जगह
मुझे पैर रखने के लिए भी नहीं है जगह
मैं कहीं पर भी आता नहीं नज़र ख़ुद को
पद्मश्री पद्मभूषण पद्मविभूषण के लिए
इतिहास के पन्नों पर किसी भी पंक्ति में
या फिर फ़हराते हुए राष्ट्रध्वज
चाहते नहीं हो तुम मुझे जहाँ-तहाँ
कितना भी नकारोगे फिर भी
मैं हूँ
राष्ट्रध्वज के अशोक चक्र की तरह
इमारत के भूमिपूजन के पत्थर की तरह
माँ के स्तनों में भर जाने वाले दूध की तरह
मैं ही तोड़ने वाला हूँ तुम्हारी चिता की लकड़ियाँ
मैं ही पहुँचाऊँगा तेरे मरने की ख़बर

मैं कहीं पर भी आता नहीं नज़र ख़ुद को
मैं सब जगह नज़र आने लगा हूँ ख़ुद को
नालों की सफ़ाई करते मरे जानवरों को खींचते हुए
जूठन खाते हुए सड़क पर झाड़ू लगाते हुए
मतपत्र पर लगी हुई मुहर की तरह
दूर-दूर तक फैले सत्याग्रह की तरह
बिखरे हुए मोर्चे की तरह

पुआल

तू सिर झुकाता है जिस ईश्वर के आगे
वह काला पाषाण मैंने खोदा था
पत्थर की खदान से
तू जिस मन्दिर में चढ़ाता है चढ़ावे
उस मन्दिर का निर्माण हुआ था हाथों से मेरे
तू जिस कुएँ का या बाँध का पीता है पानी
उसका मैंने किया था काम
तू जिस घर में रहता है
मेरे हाथों ने किया था उसका निर्माण
जिन खेत-खलिहानों का तू खाता है अन्न
उन खेतों में पसीना बहाया था मैंने
जब तक मैं नहीं बजाता डफ़ली
तब तक नहीं निकलती अन्तिम यात्रा तेरी
जब तक मैं नहीं काटता लकड़ियाँ
चिता तेरी नहीं जलती
फिर भी समझता नहीं तुझे कौन हूँ मैं तेरा
यक़ीनन दिमाग़ में होगा तेरे
किसी जानवर का दिमाग़
ख़ून में होंगे गन्दी नाली के कीड़े
तेरी नज़रों में मेरी क़ीमत है पुआल जितनी
दो गट्‌ठर पाँच गट्‌ठर
मेरा स्पर्श अपवित्र
जबकि मेरे स्पर्श किये बग़ैर नहीं होते हैं तेरे कुछ भी काम

इतना अनिवार्य हूँ मैं
तेरे भूत भविष्य वर्तमान में
मैं साँस ना लूँ तो पत्ता भी ना हिले
मैं ना देखूँ तो दिन में भी कुछ ना दिखे
फिर भी तू इतना गाफ़िल
मैंने तेरे दरवाज़े पर दी है दस्तक
दरवाज़ा खोल वरना तोड़ दूँगा
तेरे लिए सँभालकर रखी है सीढ़ी
बैठ तू सीढ़ी के पास
चलेगा पता तुझे हज़ारों बरस से सँभाली हुई मेरी सीढ़ी का
अब छोड़ दी है मैंने सीढ़ी

हल

मैं फूटे हुए बाँध का पानी
टूटी हुई रस्सी से छूटा हुआ जानवर
मैं पिंजरे से आज़ाद हुआ पंछी
बन्दूक़ की नाल से छूटी हुई गोली
मैं अग्नि ताण्डव
मुझे हल्के में ना लो
मैं हूँ कड़कती हुई बिजली
तुम्हारे आसमान से टूटा हुआ तारा
उल्कावर्षा हूँ मैं
ज्वालामुखी का उफ़नता हुआ लावा
मैं तुम्हारे अन्न की मिट्टी
मुझे हल्के में ना लो
कैसे मिटेगी यह कड़वाहट
मैं चलाता हूँ तुम्हारे देवों पर हल
स्वर्ग से है मेरा बैर
मैं हूँ फटा हुआ आसमान
अनन्त रोशनी का भण्डार
मुझे हल्के में ना लो
मैं मानकर चल रहा हूँ तुम्हें
अपने सात जन्मों का बैरी
क़दम-क़दम पर मुझे रोकने के लिए

तुमने मेरे गले में चुभाए नाख़ून
तुमने मेरी पीठ में घोंपा छुरा
बाहर से अन्दर तक मैं एक ही हूँ
मुझे हल्के में ना लो

धोखेबाज़

कौन हैं ये
जो खड़े हैं बताकर ख़ुद को जनप्रतिनिधि
बदनाम गुनहगार बिल्डर राजकीय नेता कि
विधवा और अन्य
जिनका कभी न सुना हो नाम वैसे तीतर
नमूदार होते हैं रात को फ्लैक्स बोर्ड पर
मैं क्यों मानूँ उनको अपना उम्मीदवार
जब की थी उन्होंने अपनी उम्मीदवारी घोषित
नहीं था तब मेरा उनसे कुछ भी लेना-देना
उन्होंने क्या-क्या किया पाने को उम्मीदवारी
क्या-क्या किया हासिल करने को वोट
कौन हैं ये
जो खड़े हैं बताकर ख़ुद को जनप्रतिनिधि
मिलते हैं दौरे में करते हुए चुनावी प्रचार
विनम्रतापूर्वक जोड़कर हाथ
क्या ये सचमुच होते हैं इतने विनम्र
बदमाशों की राजनीति में मेरा वोट
रांड पर उड़ाए हुए रंग के समान
मतदान करते हैं मात्र उँगली पर लगवाने
काली स्याही
इससे ज़्यादा क्या है अर्थ उँगली पर लगी काली स्याही का
हम करते हैं जनप्रतिनिधि का चुनाव
कितना ग़लत है यह

उनकी जात उनके पैसे उनके गुनाह
मुर्गी की तरह देते अण्डे
चुनाव यानी एक तरह का निवेश
और जनता सस्ती पूँजी
कौन हैं ये
जो खड़े हैं बताकर ख़ुद को जनप्रतिनिधि
हाथ जोड़े फ्लैक्स बोर्ड पर
ज़ोरों का तूफ़ान आये और सारे रंग उड़ा ले जाये
हज़ारों हाथों से उतारनी चाहिए इनकी लँगोटी
कौन हैं ये तय करेगी जनता
या फिर परदे के पीछे वाले वे चार लोग
दलों के नेता चलाते हैं संसद
हमें तो मात्र पन्द्रह अगस्त, छब्बीस जनवरी के दिन
लहराता राष्ट्र ध्वज देखना है
भारत माता की जय बोलना है
कौन हैं ये
जो खड़े हैं बताकर ख़ुद को जनप्रतिनिधि
इससे पहले कभी भी न मिले हम
राह में चौक में परमिट रूम में
या चोर बाज़ार में
शोभायात्रा में वे होते हैं हाथी पर
हम नाचते हैं डीजे पर
आवाज़ बढ़ा डीजे तेरी माँ की
बाई चलती है क्या कोठी पर
छोकरी ज़रा सँभलकर पकड़
कौन हैं ये
कौन हैं ये भालुओं को नचाने वाले
जान लेने दो एक बार
सवालों की उनकी समझ जनता से जुड़ी उनकी नाल
मेरे-उनके बीच में जो हैं वे हर तरह के अन्तर

यक़ीन कर पाऊँ ऐसी एक बात
मेरे-उनके बीच का वोटों का नाता
पते-ठिकाने जितना स्पष्ट होना चाहिए
कौन हैं ये
जो खड़े हैं बताकर ख़ुद को जनप्रतिनिधि
कल-परसों तक जो थे अपरिचित

हुतात्मा के प्राणों के समान

राष्ट्र हो तो अथाह सागर के समान
निर्मल नीले आसमान के समान
विद्यार्थियों की सामूहिक प्रार्थना के समान
राष्ट्र हो तो अभंग महाकाव्य के समान
निश्छल और निष्पाप मन के समान
तीर्थस्थल के समान ईद के चाँद के समान
राष्ट्र हो तो प्रेयसी प्रेमिका के होंठों के समान
गुलाबी रसीले
उसके गालों के काले तिल के समान डिंपल के समान
बस लाजवाब
राष्ट्र हो तो तेरा-मेरा सबका
जीने के अटूट विश्वास से भरा
कतई न हो लहू-लुहान हत्यारे के समान
राष्ट्र हो तो निर्भय मन के समान
उगते हुए सूरज के समान पूर्णिमा के चाँद के समान
फ़सलों से लहलहाते सगवार के समान
क्या है राष्ट्र का मतलब
तेरे-मेरे अस्तित्व के बिना
हर जीव के जीवन की सुरक्षा
अहिंसा के रसायन से खिला हुआ फूल
राष्ट्र का मतलब और कुछ नहीं
जिसकी व्याख्या की जाये समझ लिया जाये
ना ही यह टुकड़ा है ज़मीन का ना ही आसमान का

यह महाकाय दिल है लोगों का
राष्ट्र का मतलब है स्वतन्त्रता का सतत प्रवाह
व्यक्ति के सम्मान का उत्सव
निर्भय कंगूरे
कोई न बाँटे किसी को देश भक्ति के प्रमाण-पत्र
कोई न बताये किसी को देश प्रेम की महिमा
राष्ट्र का मतलब है साँस लेना
सामूहिक जीवन की सामाजिक अपरिहार्य लय
राष्ट्र हो तो बेहद ख़ूबसूरत हिमालय पर आच्छादित
सफ़ेद बर्फ़ के समान
अनोखे स्वप्न की पूर्णता के समान
हुतात्माओं के प्राणों के समान
तथागत की मुँदी आँखों की पलकों पर पसरी शान्ति के समान
राष्ट्र हो तो ऐसा तेरा-मेरा सबका

कहाँ छुपी है तू?

तू म्यान में रखी हुई
तलवार सरीखी
आँखों की आड़ में ज़ुबान की आड़ में
कहाँ छुपी है तू
मेरे क्षण-क्षण में कण-कण में
बसी हुई है तू
कौन से खिड़की-दरवाज़े की आड़ में
छुपी है तू
क्या सोचकर तूने धारण कर लिया मौन
जाति-धर्म की आड़ में
कहाँ छुपी है तू
क्या रहेगी याद तुझे
अपनी खाई हुयी कसम
तेरे घर पता चल गयी मेरी जात इसलिए
कर दिये तूने हाथ खड़े
जाति फैलती जा रही है
और इन्सानियत सकुचाती
उल्टी बह रही है हवा
काले दिलवाली
यही है सही समय प्रवाह के विपरीत बहने का
तू बस हाँ कर बिछा दूँगा आसमान
तू बस हाँ कर मैं सिर पर उठा लूँगा धरती

अपहरण

स्वातन्त्र्य पिता
कहाँ फँस गया है तू
किसकी शैया पर
इन्तज़ार करते-करते थक गयी हैं रे आँखें
किसने किया है अपहरण तेरा
मिल नहीं रहा कोई सुराग
किसी ने अब तक माँगी नहीं कोई फिरौती
स्वातन्त्र्य पिता
बेच दिया है क्या किसी ने तुझे
लापता हो गया है तू इसलिए
पुलिस में करवाऊँ क्या शिकायत दर्ज
कई लोगों ने बताया तेरा पता
यह कहकर कि सब कुछ कुशल-मंगल है तेरा
पर हमारा क्या
स्वातन्त्र्य पिता
क्या राह भटक गया है तू
किसी ने तेरी आँखों पर पट्टी बाँध हाथ-पैर तोड़कर
लूटपाट की है क्या
कितना इन्तज़ार करें हम
तेरे आने की झूठी आस में
कभी न कभी तू मिलेगा ज़रूर यह मानकर
स्वातन्त्र्य पिता
तुझे आना ही होगा रे

वरना जगज़ाहिर कर देना चाहिए रिश्ता हमारा
अतिक्रमण करके रहेंगे कितने दिन
आना ही पड़ेगा तुझे अन्यथा
आना पड़ेगा मुझे
तमाम चैन और महलों की खोज में
स्वातन्त्र्य पिता
अब तो तेरी ख़ैर नहीं
गधे पर बिठाऊँगा मैं तुझे
सूअर पर घुमाऊँगा घूरे पर लिटाऊँगा
जो मैं खाऊँगा वो तुझे खिलाऊँगा
जूठा बासी खाना
आना पड़ेगा वहाँ मैं ले जाऊँगा जहाँ
स्वातन्त्र्य पिता
जगह ख़ाली कर मेरे लिए
मेरे आने का कर दिया है मैंने ऐलान
कोई अब नहीं रोक पायेगा मुझे
चल पड़ा हूँ मैं आज़ाद हैं पैर मेरे
साँस है आज़ाद
मुझे आने लगे हैं आज़ादी के सपने
स्वातन्त्र्य पिता
क़साई बन गया हूँ मैं
सह नहीं सकता तेरा बन्धक होना
भूल गया था कि रक्त कुण्ड से होकर निकलती है राह तेरी
बहने लगी हैं मेरे रक्त की नदियाँ
देख मेरे होंठों से चूमे हुए तेरे पैर
करोड़ों मौतों के पल्ली तरफ़ छुपा हुआ है
तू प्रार्थना के समान
गधे तू बह रहा है रक्त में मेरे
आ पीछे-पीछे पकड़कर मेरी उँगली होकर चौकस
स्वतन्त्रता दिवस पर सड़क पर राष्ट्र ध्वज बेचने वाले बच्चे

बेच देंगे तुझे अपनी एक बखत की भूख मिटाने
स्वातन्त्र्य पिता
मत भटकना राह छोड़ना मत उँगली
नीचे देखकर चल वरना लग जायेगी ठोकर
तुझे मैं ले जा रहा बस्ती में अपनी
तुझे मैं छुपाकर रख रहा हूँ पेट में अपने
याद रख पता-ठिक़ाना
स्वातन्त्र्य पिता
तेरे अपहरण होने की सम्भावना बहुत ज़्यादा है

बोल सकता हूँ मैं

मुझे बोलना नहीं आता
इस मुग़ालते में मत रहना
बोल सकता हूँ मैं
पर बोलने से मेरे दुख पहुँचेगा
तुम्हारे नाज़ुक मन को
मेरे बोल लगेंगे तुम्हें असभ्य
इसलिए मैं नहीं बोलता
मैं बोलता नहीं हूँ इसलिए
तुम्हारी शालीनता बची हुई है
वरना धज्जियाँ उड़ेंगी
तुम्हारा शीलभंग ना हो इसलिए
मैंने धारण कर रखा है मौन
मेरा मौन यानी तुम्हारे सामने कोई बाधा नहीं
मैं बोलने लगा अगर
पुराणों के पन्नों के छूट जायेंगे छक्के
मैंने आँखें खोल दीं अगर
पवित्रता को छूट जायेगा पसीना
मैंने मुँह खोल दिया अगर
खुल जायेंगे तुम्हारे सारे कच्चे चिट्ठे
मैं बोलता नहीं मतलब
ऐसा नहीं कि मैं कुछ समझता नहीं
सब समझता हूँ मैं
बोलने पर किया है मजबूर तुमने मुझे

बोलता हूँ मैं तुम्हारी परम्परा के ख़िलाफ़
बोलता हूँ संस्कृति के ख़िलाफ़
मेरा हर शब्द विध्वंसक
ध्वस्त करना है मुझे हमारे बीच का
हज़ारों बरस का अन्तर
दिल से दिल को मिलाना है
आँखों से आँखों को मिलाना है
तरस गये हैं होंठ मेरे
मुझे बोलना नहीं आता
इस मुग़ालते में मत रहना
कर दो तुम चौकस सबको
उठ चुका है तूफ़ान
हो जाओ सब ख़बरदार
गरजने लगा है आसमान
यही है मेरे बोलने का सही समय
फड़फड़ाने लगे हैं होंठ मेरे
कुलबुलाने लगी है ज़ुबान
भर आया है गला
तथागत ने खोल दी हैं अपनी आँखें
यही है मेरे बोलने का सही समय

युद्ध

मैं कभी लड़ा ही नहीं
अपने लिए आज तक
लड़े तुम कूटनीति से
मेरे ख़िलाफ़ हर स्तर पर
सारे शस्त्रों का इस्तेमाल कर
युद्ध तुम्हारा देखा
जीत तुम्हारी देखी
उन्माद तुम्हारा देखा
मैंने कभी सोचा ही नहीं
अपने बारे में आज तक
लड़ा हथेली पर लेकर अपना सिर
कई बार तुम्हारे लिए
लड़वाया तुमने मुझसे मेरे हित के ख़िलाफ़
मैंने किसी भी तरह का नहीं किया प्रतिकार
करते हुए मेरी हत्या।
ख़ुशी-ख़ुशी चढ़ गया बलि न की कोई भी तकरार
तुमने ही की शस्त्र पूजा आज तक
शब्दों को धार लगा रहा हूँ मैं
शब्दों की कर रहा हूँ पूजा
अब लड़ना अटल है

सदा उपेक्षित किया मुझे

तुमने सदा उपेक्षित किया मुझे
कम आँककर
की अपने बन्दे की तारीफ़
डालकर उसकी ग़लती पर परदा
चाहे कितनी भी हो मेरी योग्यता
अयोग्य ठहराया तुमने मुझे
तुमने जान-बूझकर कभी नहीं दिया उचित श्रेय मुझे
करके पक्षपात
मेरे हुनर की कभी न की कदर
नहीं किया मुझ पर विश्वास
हमेशा दूर रखा तुमने मुझे
करके भेदभाव
बिना किसी काम के बिठाकर रखा मुझे दिये नहीं कोई अधिकार
व्यभिचारी और भ्रष्ट बताकर किया लज्जित
सदा किया मुझे बदनाम
हमेशा जाँच-पड़ताल करके फँसाया तुमने मुझे
भ्रष्ट और कमज़ोर बताकर
मैंने निष्ठा से किये अपने सारे काम
फिर भी तुमने निकालीं ग़लतियाँ
सही था मैं फिर भी ग़लत ठहराया तुमने मुझे
हमेशा ही बुरा ठहराया तुमने मुझे
मेरी जात बताकर
कभी भी न की कोई धोखेबाज़ी मैंने

केवल तुमने धोखेबाज़ ठहराया मुझे
किया मेरी क़ाबिलियत पर शक
उठाये सवाल मेरी कार्यक्षमता पर
हमेशा किया मुझे जाति से बहिष्कृत
समझकर दुश्मन
साथ तुम्हारे रहना है मुझे
यह जानता हूँ मैं
तुम्हारे बिना मेरा पत्ता भी नहीं हिलता
यह मालूम है मुझे
हमेशा ठहराया तुमने मुझे कसूरवार
उठाकर मेरा अनुचित लाभ
मुझे समझ लिया करो तुम
चूक रहा हूँ अगर तो समझाओ
सीखने की इच्छा है मेरी
हमेशा ही तुमने अपमानित किया मुझे
मैं नहीं देता पलटकर जवाब इसलिए
जानता हूँ मैं तुम्हारी ऊँची जात
ऊँचा पद और प्रतिष्ठा
पर बदल गया है समय
तुम कब बदलोगे
सदा किया मेरा दमन तुमने
जताकर अधिकार अपना
अब नकारता हूँ मैं तुम्हारी हर बात
ठुकराता हूँ तुम्हारे हुकुम
मैं हूँ निठल्ला मवाली गुण्डा
सदा ही कहा ना तुमने मुझे
अब मैं कहता हूँ ना
बदल गया है समय
तुम कब बदलोगे
तुमने सदा उपेक्षित किया मुझे

कम आँककर
अब मैं नहीं आँकता अपने आप को कम
बदल गया है समय
तुम कब बदलोगे

भाईचारा

क्यों बोलते हैं हम भाईचारे के बारे में
खुजली है न हमें इसलिए
भाईचारा मतलब तुम्हारे हिंसक हल्ले का
अहिंसा से दिया हुआ जवाब
छोड़नी पड़ेगी तुम्हें हिंसा
और हमें बदले की भावना
तब भाईचारा खिलेगा कली की तरह
नहीं समझाया जा सकता पाशविक शक्ति को
कि भाईचारा मानवीय संस्कृति की एक अनिवार्य
सामाजिक आवश्यकता के लिए होना चाहिए
अहिंसा से ही होता है जन्म भाईचारे का
भाईचारे से ही होता है जन्म लोकतन्त्र का
इतने अटूट रिश्ते का ख़ून करने वाले
न्याय के हिंसक दुश्मन
सदा-सदा के लिए करने पड़ेंगे ख़त्म
क्यों बोलते हैं हम भाईचारे के बारे में
इसलिए कि ना हो विध्वंस मानवीय संस्कृति का
शस्त्रों की धारदार नोक पर जमे हुए
मानवीय रक्त के पक्ष में बोलनेवाली भाषा यानी अहिंसा
ख़ूबसूरत सहजीवन से होता है जन्म अहिंसा का
रहती है पवित्र शान्ति के रूप में
भाईचारे के बारे में बोलता हूँ क्योंकि करता हूँ परवाह
हत्यारों की भाषा का होता है अन्त जहाँ

भाईचारे का जन्म होता है वहाँ
भाईचारे के बारे में बोलता हूँ क्योंकि करता हूँ परवाह
क्यों बोलते हैं हम भाईचारे के बारे में
छोड़नी पड़ेगी तुम्हें हिंसा और हमें बदले की भावना
भाईचारे के बारे में बोलता हूँ क्योंकि करता हूँ परवाह

नीचे रखो शस्त्र

भय से होता है निर्माण शस्त्र का
और शस्त्र से भय
सबसे पहले शस्त्र करने चाहिए नष्ट
तभी सधेगा संवाद
संवाद के लिए निर्भयता होगी पहली शर्त
शस्त्रधारी बोलकर शस्त्र की भाषा
निहत्थों को रखते हैं बनाकर बन्धक
भय से होता है जन्म शस्त्रास्त्र की प्रतिस्पर्धा का
और
एक-दूसरे के ख़िलाफ़ हिंसक कार्रवाइयों का
जहाँ ख़त्म होता है मौन वहाँ जन्मती है भाषा
भाषा को ग़ुलाम बनाने के लिए
उदय होता है शस्त्रों के इतिहास का
नीचे रखो शस्त्र
गिट्टी में लगेगा इन्सानियत का बौर
नीचे रखो शस्त्र
शब्दों में आयेगी संस्कृति की बहार

हमारा क्या

इस देश के मालिक तुम
संस्कृति के मालिक तुम
इतिहास के मालिक तुम
साहित्य के मालिक तुम
वर्तमान के मालिक तुम
भूत भविष्य के मालिक तुम
संसद कोर्ट कचहरी के मालिक तुम
ज़मीन जायदाद कारख़ानों के मालिक तुम
अटारियों हवेलियों बँगलों के मालिक तुम
सत्ता सम्पत्ति प्रतिष्ठा के मालिक तुम
परम्परा के मालिक तुम
पनघट श्मशानभूमि मन्दिर के मालिक तुम
हमारे मालिक तुम
तुम हमारे मालिक
हमारे परिवार की सत्तर पीढ़ियों के मालिक
हमारा क्या है हमारे पास
कहने को क्या है मात्र अपना
आरक्षित स्थान
वे भी रह जाते हैं ख़ाली
आरक्षित स्थान पर लेते हो खुली श्रेणी के उम्मीदवार को
यह कहकर कि नहीं मिला लायक उम्मीदवार
तुम ही लायक तुम ही गुणवान
हमारा क्या

नहीं है पैरों तले की ज़मीन हमारी
पीने के पानी के लिए करनी पड़ती है दौड़धूप
जीते हैं हम जूठन पर तुम्हारी
अगले जन्म में भी उच्च वर्ग पर तुम्हारा ही हक़
देव तुम्हारा धर्मशास्त्र तुम्हारे
धर्मशास्त्र यानी तुम्हारी कारस्तानी
हमारी औकात दिखाने की
हमें क्या खाना चाहिए क्या नहीं
यह तय करते हो तुम ही
हमें कहाँ रहना चाहिए कहाँ नहीं
यह तय करते हो तुम ही
हमें क्या बोलना चाहिए क्या नहीं
यह तय करते हो तुम ही
हमें कहाँ बैठना चाहिए कहाँ नहीं
यह तय करते हो तुम ही
हमारा क्या
यह मातृभूमि हमारी नहीं है कहने पर
तुम्हारे पिछवाड़े पर रेंगने लगती हैं चींटियाँ
यह धर्म हमारा नहीं है कहने पर
सूखने लगता है तुम्हारा मुँह
यह संस्कृति हमारी नहीं है कहने पर
सुन्न हो जाता है तुम्हारा दिमाग़
यह साहित्य हमारा नहीं है कहने पर
बन्द हो जाती है तुम्हारी बोलती
हमारा क्या
यज्ञ तुम्हारे यज्ञोपवीत तुम्हारे
पूजा पर हक़ तुम्हारा
हमारा क्या
हमारा स्पर्श भी गवारा नहीं तुम्हें
परछाईं भी नहीं

हमारी भाषा चलती नहीं
झोंपड़ी भी नहीं
हमारे सिर उठाने पर डाँवाडोल हो जाता है त्रिलोक
गरदन ऐंठकर चलने पर डगमगा जाता है इहलोक
कितनी छुआ-छूत मानते हो हमारा स्पर्श न हो इसलिए
कितने परदे रखते हो कि हमसे न हो अपशगुन
हमारा क्या
आज यहाँ कल वहाँ
हम तुम्हारे कोई नहीं
मैं तुम्हारा तुम्हारे धर्म का और ईश्वर का
कुछ नहीं लगता यह ध्यान रहे
हमारी असमानता ध्यान में रखकर करोगे व्यवहार
कल जाकर अगर आ ही गयी घड़ी बिछड़ने की
तुम होंगे ज़िम्मेदार
उतना ही होगा तुम्हारा इतिहास संस्कृति और
साहित्य भी
हमारा क्या
स्वीकार करो भूल-चूक माफ़ करो
बच गया है तो दो वरना कहो कि आगे बढ़ो
चले जायेंगे हम अगली चौखट पर
उन्होंने अगर ले लिया घर में तो लड़खड़ा मत जाना
हमारा क्या
हज़ारों बरस से तुम्हारी सीढ़ियों के पास जूते-चप्पलों के पास
हम हैं तुम्हारे ब्रह्मा जी के चरण
चरणों से जन्म हुआ है हमारा
चरणों ने अगर थाम ली उल्टी राह तो
तुम्हारा क्या
हमारा क्या
आज यहाँ कल वहाँ दूसरे दरवाज़े या चौखट पर
कोई भी होने देगा खड़ा चौखट पर

तुम्हारी चौखट का क्या
नहीं चाहिए हमको देश कर रहे हैं बात हम घर के बारे में
नहीं चाहिए हमको देव मन्दिर कर रहे हैं बात हम रोटी के बारे में
तुम्हारा घर तुम्हारी रोटी तुम्हारी चाकरी
कब तक चलेगी बँधुआ मज़दूरी
हड़प ली है तुम लोगों ने
हवा हमारी सितारे सारे
तुमने गाली दी तो हम भी पलटकर गाली देंगे
क्या है हमारा क्या है तुम्हारा तुम ही करो अब फ़ैसला
आ गयी है घड़ी फ़ैसले की
चढ़ जायेगा वरना पानी सिर के ऊपर
हमारा क्या
हमारे तो पैर निकल आये हैं

घबराना मत

घबराना मत तुम
अब तक यहीं पर हूँ मैं
हज़ारों बरस रखा था जहाँ पर तुमने
अब तक नहीं बदली है मैंने जगह अपनी
गाँव की चारदीवारी के बाहर ही हूँ मैं
मैं जगह बदलने वाला हूँ बतलाने पर ही
इतना गड़बड़ा गये
हलचल से मेरी कैसे काँपने लगती है पृथ्वी
बोलने से मेरे कैसे ढह जाती है वर्ण व्यवस्था की इमारत
उच्छ्वास से कैसे तितर-बितर हो जाता है आसमान
घबराना मत तुम
अब तक यहीं पर हूँ मैं
नींव का पत्थर बनकर
शिखर का पत्थर बनना है मुझे
सपना है यह मेरा
सपने देख रहा हूँ मैं यह पता चलने पर
मेरे घर पर बिठा दिये तुमने पहरे
सपने देखता हूँ मैं सुरंग नहीं खोदता
नहीं समझ में आ रहा तुम्हारी बेचैनी का मतलब
कितने भयभीत होते हो तुम
ईश्वर के हाथों में देते हो शस्त्र
धर्मग्रन्थों में खोदते हो सुरंग
साहित्य समाज संस्कृति के बीच डालते हो दरारें

अवतार लेंगे देव कहकर बिठाते हो डर
हमारे निहत्थे होने के बावजूद क्यों होते हो भयभीत
हमारे कंगाल होने के बावजूद क्यों होते हो भयभीत
शायद हमारे ख़िलाफ़ भयानक अपराध किया होगा तुमने
ऐसा भी हो सकता है कि हम पर डाका डाला होगा तुमने
किया होगा विश्वासघात साफ़-साफ़ बोला होगा झूठ
तुम्हारे हर काम को हमने
अपना नसीब माना
अपनी हर परिस्थिति को हमने
अपने पिछले जनम का पाप माना
नाहक ही क्यों भयभीत होते हो तुम कुछ नहीं है मन में हमारे
निकाल फेंको जो है मन में तुम्हारे
हम सिर्फ़ देख रहे हैं सपने
उसके अलावा कुछ भी नहीं

आरक्षण

क्या आपको चाहिए मेरा आरक्षण
ले लो मेरा आरक्षण
देने को तैयार हूँ मैं ख़ुशी-ख़ुशी
जिस वजह से मिला है मुझे आरक्षण
उतनी मेरी वह जात ले लो
जाति की वजह से होने वाले अत्याचार ले लो
अवहेलना और अपमान ले लो
क्या आपको चाहिए मेरा आरक्षण
ले लो मेरा आरक्षण
दे दो अटारी हवेली अपनी
दे दो सत्ता सम्पत्ति प्रतिष्ठा अपनी
दे दो खेती उद्योग कारख़ाने
ले लो मेरी जात ले लो मेरी झोंपड़ी
ले लो मेरा लँगोट
एक दफ़ा हो जाने दो हिसाब
ले लो मेरा आरक्षण
देने को तैयार हूँ मैं ख़ुशी-ख़ुशी
ले जाओ मरे हुए जानवरों को ढोकर साफ़ करो मैला
बाँध लो हंडियाँ गले में और कमर पर झाड़ू
गाँव के बाहर आकर बसो और धूप झेलो
ले लो मेरी जात और अपनी दे दो
देने को तैयार हूँ मैं ख़ुशी-ख़ुशी
चप्पलें मेरी टूटी हुई ज़रा सिलकर दे दो

पास आकर बैठो मेरे करो थूक बरदाश्त
रोटी बेटी छोड़ दो
चाहता हूँ मैं मालिक बनना तुम्हारा
ले लो मेरा आरक्षण
देने को तैयार हूँ मैं ख़ुशी-ख़ुशी
ब्राह्मणों को करना चाहिए ज्ञानदान और क्षत्रियों को संरक्षण
और वैश्यों को व्यापार कब खत्म होगा यह आरक्षण
ऊपरी पनघट आरक्षित तुम्हारे लिए
श्मशानभूमि आरक्षित तुम्हारे लिए
मन्दिर तुम्हारे लिए बड़े-बड़े पद तुम्हारे लिए
आओ बदल देते हैं इस आरक्षण को जो चलता आ रहा है
मेरा आरक्षण ले लो तुम मुझे दे दो अपना
गधे भी ले लो हमारे ले लो सूअर और कुत्ते
ले लो मेरा आरक्षण
देने को तैयार हूँ मैं ख़ुशी-ख़ुशी
कभी तो करो मन को उदार
मुझसे प्यार करने वाली अपनी बेटी का हाथ
ख़ुशी से सौंप दो मेरे हाथ
आओ बैठते हैं हम एक साथ एक जगह
बन्द करो अलग-अलग पंगत में बैठाना
हमारे दुख ले लो अपने दे दो
ले लो हमारी डलिया और दे दो अपनी भरी हुई थाली
चुप क्यों हो गये चिढ़ गये क्या
नजर से मिलाऊँगा नज़र मैं
दूँगा मुँहतोड़ जवाब कन्धे से मिलाऊँगा कन्धा मैं
और सीने से सीना
तुम ले लो छुआछूत मेरी
ले लो मेरा आरक्षण
देने को तैयार हूँ मैं ख़ुशी-ख़ुशी

कितने दिन चलेगा यह

दलित मज़दूर को खंभे से बाँधकर
मरते दम तक मारपीट करना
सुनकर उसका करुण आक्रोश
पसीजता नहीं है क्या दिल तुम्हारा
फ़ेसबुक पर देख वीडियो मारपीट का
हैरान-परेशान हो जाता हूँ मैं
क़ातिलों को देखते ही गोली दागने का करता है मन
कहाँ जाकर चुकाएँगे इस सब की क़ीमत
क्या भड़वा परमेश्वर देखता नहीं
अमानुष अत्याचार तुम्हारे
या फिर खुली छूट मिली है
तुम इन्सान हो भी
या फिर नहीं हो तैयार दलितों को इन्सान मानने
कितने दिन चलेगा यह
दलित मज़दूर को खम्भे से बाँधकर
मरते दम तक मारपीट करना
सुनकर उसका करुण आक्रोश
पसीजता नहीं है क्या दिल तुम्हारा

कितने हो निर्दय
इस गलतफ़हमी में मत रहना कि भुला दी जायेंगी ये घटनाएँ
बन गयी है कीचड़ दलितों के
आँसू पसीने ख़ून से भीगी हुई ये मिट्टी

कुछ भी उग सकता है इससे
इसका नहीं लगाया जा सकता अंदाज़ा कभी
दलित मज़दूर को खम्भे से बाँधकर
मरते दम तक मारपीट करना
सुनकर उसका करुण आक्रोश
पसीजता नहीं है क्या दिल तुम्हारा
नहीं सुना होगा आक्रोश तुमने उसका
आपे से होकर बाहर करते हुए क्रूरतापूर्ण अन्याय
ध्यान रहे
हज़ारों कानों ने सुना है आक्रोश उसका
हज़ारों आँखें हैं गवाह उस पर हुए अत्याचार की
किसी के दिल में पनप सकता है कुछ भी
इसका अन्दाज़ा लगाया नहीं जा सकता कभी
दलित मज़दूर को खम्भे से बाँधकर
मरते दम तक मारपीट करना
सुनकर उसका करुण आक्रोश
पसीजता नहीं है क्या दिल तुम्हारा
काँप रहे हैं हाथ मेरे
तड़क रहे हैं होंठ मेरे
बेचैन हो गया है मन मेरा
यह कविता क्या बीज बो सकती है
इसका अन्दाज़ा नहीं लगाया जा सकता कभी
दलित मज़दूर को खम्भे से बाँधकर
मरते दम तक मारपीट करना
सुनकर उसका करुण आक्रोश
पसीजता नहीं है क्या दिल तुम्हारा
कि दिल ही नहीं है सीने में तुम्हारे

झूठी आशा

तुम्हारे उग जा कहने पर नहीं उगता सूरज
तुम्हारे बरस जा कहने पर नहीं बरसता सावन
या बहती नहीं है हवा सुनकर तुम्हारी बात
बस ईश्वर दौड़ा चला आता है सुनकर तुम्हारी एक पुकार
और छू लेता है कौवा पिंड को
जिसकी पीड़ा वही जाने
तुम पाप विमोचन करने की भरते हो हामी
भूत उतरवाने का दिलाते हो भरोसा
बताते हो भविष्य भड़वे कहीं के
तुम्हारे पिछवाड़े में क्या जलता है
ये जानते नहीं हो क्या तुम
घोड़े को होती है काठी की परख
गधा क्या जाने गुड़ का स्वाद
सत्य कभी बतलाया ही नहीं तुमने
भरमाया लोगों को बोलकर झूठ
उलझा दिये अन्धविश्वास में श्रद्धालु मन
और किया अपना उल्लू सीधा
तुम्हारे हर एक निवाले का दाना बतलायेगा
तुम्हारे धोखेबाज़ी की हद
समझदार बनो और बनाओ लोगों को समझदार
एक बालिश्त पेट के लिए मत करो देश का सत्यानाश
मत खाओ मुर्दे के तालू पर लगे मक्खन को
नाक चली गयी रह गये छेद

सच्चाई को समझो
तुम्हारे उग जा कहने पर नहीं उगता सूरज
तुम्हारे बरस जा कहने पर नहीं बरसता सावन
या बहती नहीं है हवा सुनकर तुम्हारी बात
तुमने बस कर लिया है देवों को कब्ज़े में
एक दिन बोलेंगे देव
हम देव नहीं झूठी अफ़वाह हैं
स्वर्ग-नरक जैसा कुछ नहीं सारी है कोरी बकवास
क्या बता सकते हो तैंतीस कोटि देवी-देवताओं के नाम
क्या बता सकते हो चौरासी लाख योनियों के नाम
बेईमानी छोड़ दो खाओ माँगकर
कब तक जियोगे लेकर देवों के बिजूका
देव तुम्हारा गोरखधन्धा और मन्दिर दलाली का बाज़ार
तुम्हारे उग जा कहने पर नहीं उगता सूरज
तुम्हारे बरस जा कहने पर नहीं बरसता सावन
या बहती नहीं है हवा सुनकर तुम्हारी बात
बस ईश्वर दौड़ा चला आता है सुनकर तुम्हारी एक पुकार

सचमुच बदल रहा है देश

विविधता नहीं विषमता है यह
बेमतलब विविधता में एकता की डींगें हाँको मत
मेरे-तुम्हारे बीच के परायेपन को सहलाओ मत
हमारे बीच का परायापन है रोहिंग्य मुसलमानों जितना
अलग और ठोस है
बांग्लादेशी या पाकिस्तानी शरणार्थियों के समान
अलग है मन के कोने-अन्तराल में छिपा हुआ
या फिर आधी चड्डी पहने हुए इन्सान के मन में होने वाले
मुसलमान के द्वेष जितना सत्य है
हमारे बीच का परायापन
सिर्फ़ पैरों तले की ज़मीन खिसक न जाये इसलिए
खाते हो खाना दलितों के घर पर
लाकर होटल का खाना
यह सच है कि बदल रहे हो तुम
यह भी सच है कि बदल रहे हैं हम
सचमुच बदल रहा है देश
बदलने का मतलब है होटल का खाना
या फिर इस्तेमाल करके फेंके हुए निरोध से चोकअप
हुआ टॉयलेट
हज़ारों बरस से सड़ती हुई मानसिकता
और गाँव के बाहर सड़ते हुए रखे गये हम
क्या एक पंगत में मिटाई जा सकती है यह परम्परा
रोटी के लिए लग गये हज़ार बरस

बेटी के लिए लगेंगे कितने बरस
यह सच है कि बदल रहे हो तुम
यह भी सच है कि बदल रहे हैं हम
सचमुच बदल रहा है देश
हमेशा-हमेशा के लिए आ जाओ तुम रहने मेरे घर
हमेशा-हमेशा के लिए मैं आ जाता हूँ रहने तुम्हारे घर
निकल जाने दो कुछ समय बैठेंगे फिर एक पंगत में
मैंने तो केवल विचार रखे हैं सामने तुम्हारे
समरसता के
घर तक नहीं देते किराये पर
समरसता रह रही है किसी किराये के घर में
तुम्हारे विचार गले मिलने के दिखावे के
मेरे विचार दिल की गहराइयों में उतरने के
बीफ खाने वाले हम
गोमूत्र वाले तुम
यह सच है कि बदल रहे हो तुम
यह भी सच है कि बदल रहे हैं हम
सचमुच बदल रहा है देश
आयेंगे तुम्हारे घर खाना खाने
पर कल का बासी बचा हुआ जूठा खाना मत देना
अलग जगह पर मत बैठाना
हमारे लिए मत रखना अलग बरतन
एक ही थाली में खायेंगे और मिल-जुलकर रहेंगे
आओ फिर करेंगे बात देश के बारे में भाईचारे के बारे में
मैंने तो केवल विचार रखे हैं तुम्हारे सामने
समरसता के
कैसे हो सकते हैं समरस संग तुम्हारे वह बताइये
मनपूर्वक कहो कि यह देश मेरा भी है तुम्हारा भी
फिर किराये पर घर देने लड़की देने
पास-पास सटकर बैठने के लिए टालमटोल क्यों

यह सच है कि बदल रहे हो तुम
यह भी सच है कि बदल रहे हैं हम
सचमुच बदल रहा है देश

बेवजह मत करो शक

बेवजह मत करो शक
मेरी देशभक्ति पर
आदिवासी मूल का मैं यहाँ का नेटिव
बाहर से आये हुए हो तुम
अलग हैं हमारी-तुम्हारी संस्कृति
भाषा अलग अन्न अलग देव अलग

हमारे-तुम्हारे चेहरे अलग
रंग अलग
नहीं लिया किसी ने हमारे लिए अवतार
जहाँ-तहाँ जड़ से उखाड़ फेंकने का रचा षड्यन्त्र
हमारा विकास करने आते हैं
या फिर हमारे जंगल जलाने
हम तो हैं जंगली वन्य पशु
नहीं चाहिए ब्रह्मा विष्णु महेश या यीशु
हम हैं भूत जंगल के अगिया बेताल
तुम बेवजह मत करो शक
मेरी देशभक्ति पर
कभी लगे ही नहीं देश बन्धु जैसे तुम
हमलावरों की तरह आये लेकर हाथों में झण्डे
हम बस करते रहे घोषणाएँ तुम्हारे पीछे-पीछे
ज़ोर-ज़ोर से उठाकर हाथ
हम तो बस एक भीड़ हैं

समर्थन देने के लिए
हमें होता है शक तुम पर तुम्हारी देशभक्ति पर
तुम जो कर रहे हो घोषणाएँ उन पर
ख़रीद लिए हैं जंगल तुमने और खदानों पर भी मालिकाना हक तुम्हारा
जंगल के जानवर शहर में आयेंगे
कहाँ-कहाँ बनाओगे पिंजरे
तुम बेवजह मत करो शक
तुम सर्वे-सर्वा और हम सर्वहारा
हवा पर कैसे जमायेंगे हक
तारों पर कैसे हुकुम फ़रमायेंगे
हम भील जंगली असुर
बकासुर नरकासुर महिषासुर
रावण अहिरावण महिरावण
लगाओगे कितने पहरे
तुम बेवजह मत करो शक

तुरही

ईश्वर ने की सृष्टि की रचना
मुख से जन्मे ब्राह्मण भुजाओं से क्षत्रिय
जाँघों से वैश्य पैरों से शूद्र
फिर कैसे जन्मे मुसलमान
कैसे जन्मे ईसाई
कैसे जन्मे अछूत और आदिवासी?
समूचे विश्व को मेरा घर बताते हुए
मेंढकों की तरह फुदकना बन्द करो
ईश्वर ने ही की होगी रचना छुआछूत की
फिर ऐसा कैसे कह सकते हैं कि नकारा नहीं जा सकता ईश्वर को
कैसे कर सकता है ईश्वर भेदभाव
किसी एक को मुख के समीप दूसरे को पैरों के समीप
ईश्वर मतलब पुजारियों का हथियार
हम तो हैं सारे बाल-बच्चे ईश्वर के
वा रे वा गड़बड़झाला
कैसे एक उँच और दूसरा नीच
कैसे एक ग़रीब और दूसरा अमीर
एक इन्सान ऊपर और एक इन्सान नीचे
तुम असली और हम मवाली
ऊपर का इन्सान बिना मेहनत के मिली जायदाद पर उड़ाता है मौज
नीचे का इन्सान घिसता है अपनी गाँड
यह ईश्वर नहीं शिकारी है
यह कविता नहीं तुरही है

दंगा

दंगा भड़का इसलिए मैं
घर की ओर भागा चला आया
मुसलमान मुहल्ले में रोक लिया मुझे
पकड़ो रे मादरचोद को
उन्होंने पकड़ लिया मुझे
बकरे को हलाल करते समय पकड़ते हैं जैसे
उनमें से एक ने पूछा
'कौन बे तू'
गिड़गिड़ाकर मैंने कहा
'जय भीमवाला'
उसने ज़ोर से कहा
'छोड़ो रे इसको अछूत है'
भाग निकला मैं

उन्होंने किया पथराव
नगर निगम की बस पर
यात्री हो गये भयभीत लगे चिल्लाने
रोक लिया मुझे हिन्दू कॉलोनी में
एक जन चिल्लाया
'पकड़ो रे भड़वे को'
उन्होंने कसकर पकड़ लिया मुझे
गोरक्षक पकड़ते हैं मुसलमानों को जैसे
एक जन चिल्लाया

‘पैंट खोल’
घबराकर मैंने पैंट खोली
दूसरा चिल्लाया
‘छोड़ दो कटवा नहीं है ये’
मैं भागा चला आया घर की ओर
ख़ुशी से बावला होकर
कई बार मैंने माना आभार अपने लिंग का
मन ही मन में
बोला ‘भारत माता की जय’

हे आम आदमी

हे आम आदमी
तू अनाड़ी हो सकता है अज्ञानी हो सकता है अनपढ़ हो सकता है
हे आम आदमी
तू मज़दूर हो सकता है मेहनती हो सकता है आदिवासी हो सकता है
हे आम आदमी
तू आत्महत्या करने वाला किसान हो सकता है
तू जनखेड़ा खर्डा सोनई खैरलांजी में
मारा गया दलित हो सकता है
हे आम आदमी
तू बेकार हो सकता है लावारिस हो सकता है निराधार हो सकता है
तू गूँगा है क्या बोल
हे आम आदमी
तू बोल क्यों नहीं बोल रहा है तू
क्या तू रूठा है क्या नाराज़ है
हे आम आदमी
तुझे ऊँचे लोगों की भाषा नहीं आती होगी बोलनी
समझ नहीं आती होगी अंग्रेज़ी कोई बात नहीं
हे आम आदमी
तू झल्लाकर गाली-गलौज तो कर
तोड़ अपना मौन
आख़िर में थोड़ा-बहुत जो बचा है वह भी छीना जा रहा है
हे आम आदमी
तू बोल एक बार

तू बोलेगा तो दुनिया के सारे परमाणु बम
बन जायेंगे फूल
उतर आयेंगे धरती पर चाँद और सूरज
तुझसे माँगेगें आवाज़
माँगेगें शब्द माँगेगें भाषा
दुनिया की किताबें सारी
सिहर गये हैं झेलने को शब्द तुम्हारे
हज़ारों माताओं के गर्भ में पलने वाले जीव
खड़े हो गये हैं कान
आ रहे हैं सुनकर गिरजाघर का घण्टा आ रहे हैं सुनकर अजान
मन्दिरों का घण्टा सुनकर आ रहे हैं
विहार से बुद्ध वन्दना
हे आम आदमी
तू अब तो बोल
सूरज हो गया है मद्धम
प्रकाश के लिए तेरे

तुम में देखना है इन्सान मुझे

बताया नहीं गया है किसी भी धर्मग्रन्थ में
कि इन्सानियत पर लगी हुई कालिख है छुआछूत
कोई भी धर्मगुरु नहीं बताते चिल्लाकर
कि अपने भाई-बन्धुओं की हो रही है अवहेलना
फिर भी होती हैं कुछ उम्मीदें तुम्हारी
कैसे बन सकता हूँ मैं भोला-भाला
मेरे मन-मस्तिष्क में घर के द्वार पर आसमान में
उग आया है उजला सूरज
सज्ज होकर खड़े हैं संविधान के सारे अक्षर
एक व्यक्ति एक मूल्य
क़ानून के आगे सब समान
इस उजाले ने कर दिया है भण्डाफोड़
अँधेरे में टटोलने वाले इन्सान
इन्सान को अछूत मानने वाली परम्परा को
महामारी लग जाये रिसे ख़ून-मवाद
इन्सान को नीच मानने वाली संस्कृति को
गधा छू जाये आगे-पीछे से
इन्सान हूँ मैं यह नहीं नकार सकता कोई भी
चमकीले इस नीले प्रकाश में
मैं इन्सान हूँ कहने पर
क्यों होती है पीड़ा तुम्हें
मेरे सब अधिकार माँगने पर
क्यों होता है पेट में दर्द तुम्हारे

तुम में देखना है इन्सान मुझे
पर दिखते हैं जाति के खँडहर
ढूँढ़ रहा हूँ मैं इन्सान
तुम में देखना है इन्सान मुझे

तू तेरी जात के साथ

याद आती है तू तेरी जात के साथ
तेरी गली माँ-बाप भाई-बन्धु
उनके संस्कार हुंकार दम्भ द्वेष बैर
निचली जाति के लोगों को लेकर
जैसे भुला नहीं सकती तू
छूने से मेरे खिल जाती है तू
और मेरे भाई-बन्धुओं से हो जाती है अपवित्र
सफ़ाई देते हुए आती है तू घर में मेरे
हमारा है प्रेम विवाह
वे निचली जाति के हैं और मैं ऊँची का
जो देना था वह सब कुछ दिया बिखेर
जात को अपनी रखकर अलग-थलग
सटकर बैठना मेरा चलता है तुझे
पर जात से मेरी सटना नहीं है मंज़ूर
कैसा यह शरीर धर्म
जाति का चोला क्यों पहनती है री आज़ाद मन की
खुल जा पूरी तरह से छोड़कर अपनी जात
गले मिलना है मुझे तुझसे इन्सानियत के नाते
जात को मत आने दे आड़े
ऐसे आ रख ले ऐसे कन्धे पर पैर
बोलेगी धरती ठाँव दे दे माँ

बाबासाहेब

किसी पन्ने में किताब में मूर्ति में नहीं है बँधा हुआ तू
न ही किसी काल में इतिहास में देश में भाषा में
रग-रग में बहता है साँय-साँय करती हवा की तरह
पोस्टर बैनर फ्लैक्स मुनादी मोर्चे में
तेरे विचारों से प्रेरित हुआ है असीमित ज्ञान
यहीं पर होती है यादगार मुलाक़ात मेरी और तेरी
बाबासाहेब
मेरे होंठों पर तू उनके और कइयों के दिल में
कौन कैसे ढूँढ़ते हैं तुझे या केवल करते हैं रेखांकित
तालियाँ सीटियाँ चिल्लाहट अधिवेशन के स्वत:स्फूर्त
फूला नहीं समाता हूँ मैं स्कूल जाने वाले बच्चों की देखकर क़तार
युगों-युगों से छवि तेरी अँखियों में और मेरे गीतों में
आँखे मेरी चवदार तालाब
बाबासाहेब
मेरी त्वचा ख़ून साँस और जान अगर निकाल दिये एक ओर
फिर भी मुझमें गहराइयों में कहीं समाया हुआ है तू
नहीं किया जा सकता अलग अस्तित्व तेरा
हमारा इस दुनिया में आने के बाद कभी भी इतना अखण्ड अटूट
एकरूप और अपरिहार्य
मेरे प्राणों के भी प्राण तू
बाबासाहेब
तू करोड़ों ज़िन्दगानियों की प्रचुर आशा
मैं आम्बेडकरी विचार से सराबोर और नीली दिशा

अधर्म

यह काहे की संस्कृति रे
एक को ऊँचा दूसरे को नीचा
यह काहे की परम्परा रे
इन्सानों के बीच भेदभाव करने वाली
सब कुछ जानकर भी हाँकते हो डींगें तुम
कहकर कि हमारी संस्कृति है महान
तुम हो बेईमान
जो किये ग़लतियाँ अन्याय और अत्याचार
उन्हें सुधारने को हो गया है मेरा युद्ध शुरू
सच पूछो तो हम दोनों का मिलकर लड़ना है अपेक्षित
इस अमानवीय व्यवस्था के ख़िलाफ़ होकर एकजुट
उसी में हैं सबका भला
देश का समाज का इन्सानों का
देश को गढ़ना मतलब क्या रे
कारख़ानों का निर्माण करना या बाँध बनाना
इन्सानों को बुनने चाहिए सपने इसके
तेरा ख़ून मेरा ख़ून पसीना तेरा पसीना मेरा
तेरे आँसू मेरे आँसू मिल जाने दे साथ एक-दूसरे के
उबलने दे उछलने दे
तू और मैं मिलकर करेंगे संस्कृति का निर्माण
हमारी बराबरी की सहभागिता से
करेंगे परम्परा का निर्माण
देश को गढ़ना मतलब क्या रे

सड़कें बनाना लगान वसूलना बाँटकर खाना
होना ही चाहिए सुधार और विकास भी
रखकर इन्सान को पीछे शौचालय मुक्त करना
छोड़ देना चाहिए यह चूतियापा
यह मानकर कि महान है इन्सान
करते हैं नयी शुरुआत
रामायण लिखेंगे फिर से एक बार
सीता शूर्पणखा को केन्द्र में रखकर
महाभारत लिखेंगे फिर से एक बार
द्रौपदी एकलव्य को केन्द्र में रखकर
अठारह पगड जाति के लिखने वाले हाथों को लेकर
यह संस्कृति रे यह परम्परा

❑❑

शरणकुमार लिंबाले का मराठी में प्रकाशित साहित्य

कविता : उत्पात (1982), श्वेतपत्रिका (1989), उद्रेक (2008), धुडगूस (2019), तुमची जात काय (2024)

कथा : बारामाशी (1988), हरिजन (1988), रथयात्रा (1993), दलित ब्राह्मण (2004)

उपन्यास : भिन्नलिंगी (1991), उपल्या (1998), हिन्दू (2003), बहुजन (2006), झुण्ड (2009), ओ (2015), सनातन (2018), रामराज्य (2019), वन्देमातरम् (2022)

आत्मकथा : अक्करमाशी (1984), राणीमाशी (1992), पुन्हा अक्करमाशी (1999)

सम्पादन : दलित प्रेम कविता (1986), दलित पैन्थर : भूमिका आणि चळवळ (1989), दलित चळवळ (1991), दलित साहित्य (1991), प्रज्ञासूर्य (1991), भारतीय रिपब्लिकन पक्ष : वास्तव आणि वाटचाल (1992), विवाहबाह्य सम्बन्ध : नवीन दृष्टिकोन (1994), गावकुसाबाहेरील कथा (1997), ज्ञानगंगा घरोघरी (2000), शतकातील दलित विचार (2001), साठोत्तरी मराठी वाङ्मयप्रवाह (2006), सांस्कृतिक संघर्ष (2009), भारतीय दलित साहित्य (2013), दलित व्हॉईस : लिटरेचर एंड रिव्होल्ट (अंग्रेज़ी) 2018

समीक्षा : दलित साहित्याचे सौन्दर्यशास्त्र (1996), साहित्याचे निकष बदलावे लागतील (2005), ब्राह्मण्य (2006), दलित आत्मकथा : एक आकलन (2009), वादंग (2010), दलित साहित्य आणि सौन्दर्य (2018)

शरणकुमार लिंबाले के साहित्य का अनुवाद

अंग्रेज़ी : द आउटकास्ट (2003), टुवर्ड्स एन एस्थिटिक्स ऑफ़ दलित लिटरेचर (2004), हिन्दू (2010), व्हाइट पेपर (2017), टेल ऑफ़ अनटचेबल्स (2017), दलित ब्राह्मण एंड अदर स्टोरीज (2018), स्मेल्डिंग होराइजंस (2019), सनातन (2024)

हिन्दी : अक्करमाशी (1991), देवता आदमी (1994), दलित साहित्य का सौन्दर्यशास्त्र (2000), नरवानर (2003), हिन्दू (2004), दलित ब्राह्मण (2004), छुआछूत (2008), बहुजन (2009), दलित साहित्य : वेदना और विद्रोह (2010), झुण्ड (2012), प्रज्ञासूर्य (2013), गैर दलित (2017) दलित पैन्थर : भूमिका एवं आन्दोलन (2017), दलित पैन्थर (2019), गर्व से कहो (2020), यल्गार (2020), सनातन (2021), रामराज्य (2022), कौन जात हो (2024)

कन्नड़ : आक्रम सन्तान (1992), दलित ब्राह्मण (2013), हिन्दू (2014), दलित साहित्य का सौन्दर्यशास्त्र (2015), उपल्या (2017), बहुजन (2017), अस्पृश्या (2019), झुण्ड (2021), सनातन (2022)

गुजराती : अक्करमाशी (2000), दलित साहित्य का सौन्दर्यशास्त्र (2009), दलित ब्राह्मण (2019)

पंजाबी : अक्करमाशी (1996), दलित साहित्य का सौन्दर्यशास्त्र (2021), सनातन (2021), रामराज्य (2023), झुण्ड (2023), ओ (2024), हिन्दू (2024)

मलयालम : अक्करमाशी (2005), हिन्दू (2005), बहुजन (2012), उपल्या (2017), झुण्ड (2017), व्हाइट पेपर (2020), दलित ब्राह्मण (2021), ओ (2022), सनातन (2024)

तमिल : अक्करमाशी (2003), दलित साहित्य का सौन्दर्यशास्त्र (2008), उपल्या (2009), दलित ब्राह्मण (2015), ओ (2021)

उर्दू : दलित ब्राह्मण (2015), अक्करमाशी (2017)

तेलुगू : अक्करमाशी (2017), दलित ब्राह्मण (2019), ओ (2021), उपल्या (2021), सनातन (2024)

बांग्ला : दलित साहित्य का सौन्दर्यशास्त्र (2017), दलित चेतना : दलित दर्शन (2022), अक्करमाशी (2022), झुण्ड (2024)

ओडिया *:* अक्करमाशी (2021), सनातन (2024)